Arte Povera

Didier Semin

Ancien conservateur au Centre Pompidou,
Musée national d'art moderne
Professeur aux Beaux-Arts de Paris

Centre Pompidou MOUVEMENTS

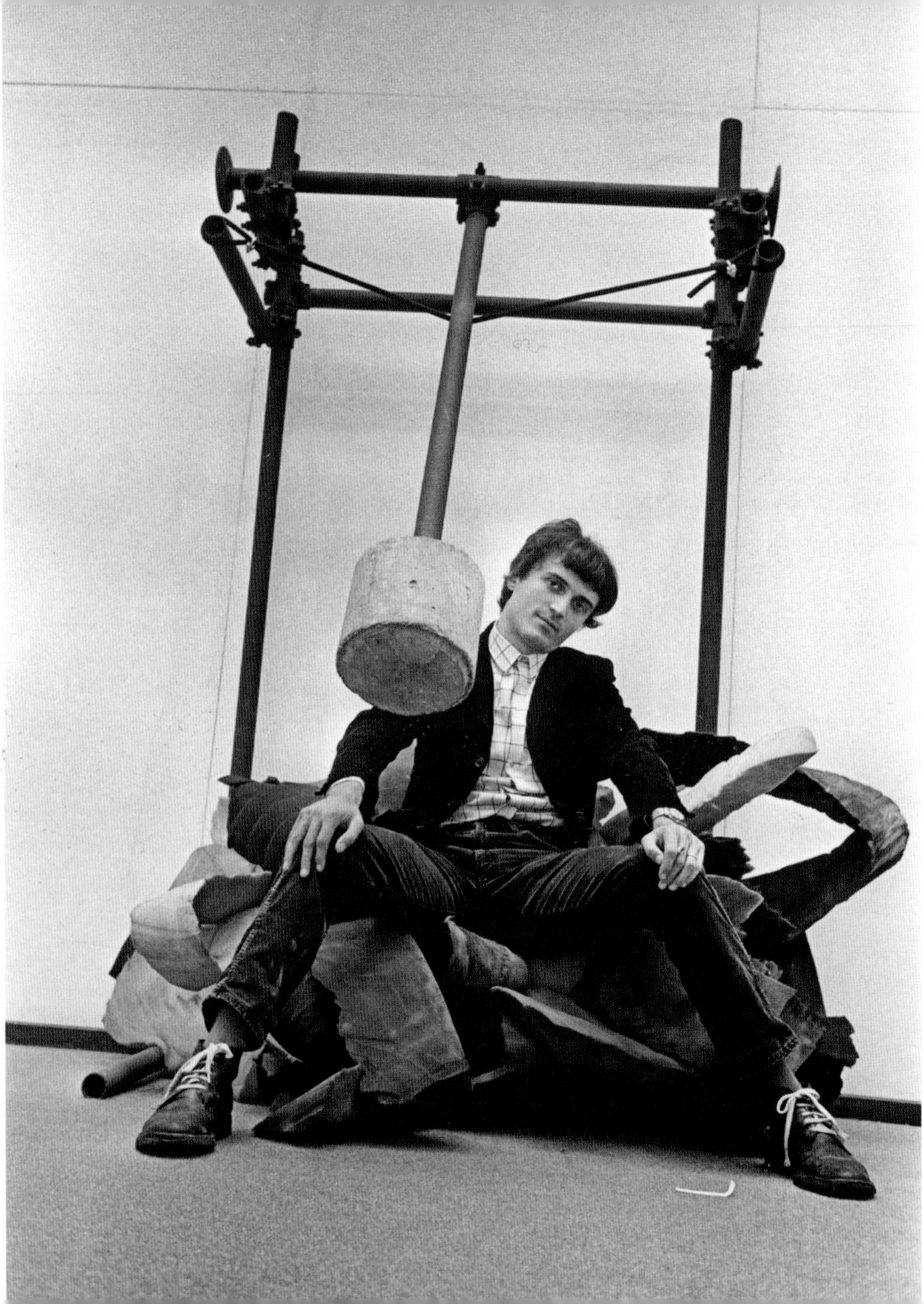

Sommaire

Ci-contre :
Gilberto Zorio dans l'exposition
« Prospect 68 », Städtische Kunsthalle,
Düsseldorf, 20-29 septembre 1968
Photo : Angelika Platen

En couverture :
Gilberto Zorio
Pugno fosforescente
[Poing phosphorescent], 1971
Cire phosphorescente, 2 lampes sur pied,
minuterie, 170 × 180 × 50 cm
Centre Pompidou, Musée national
d'art moderne
Achat, 1984
AM 1984-386

En quatrième de couverture :
Pier Paolo Calzolari, « sans titre »,
Castello Colonna, Genazzano, 1979
Photo : Paolo Mussat Sartor

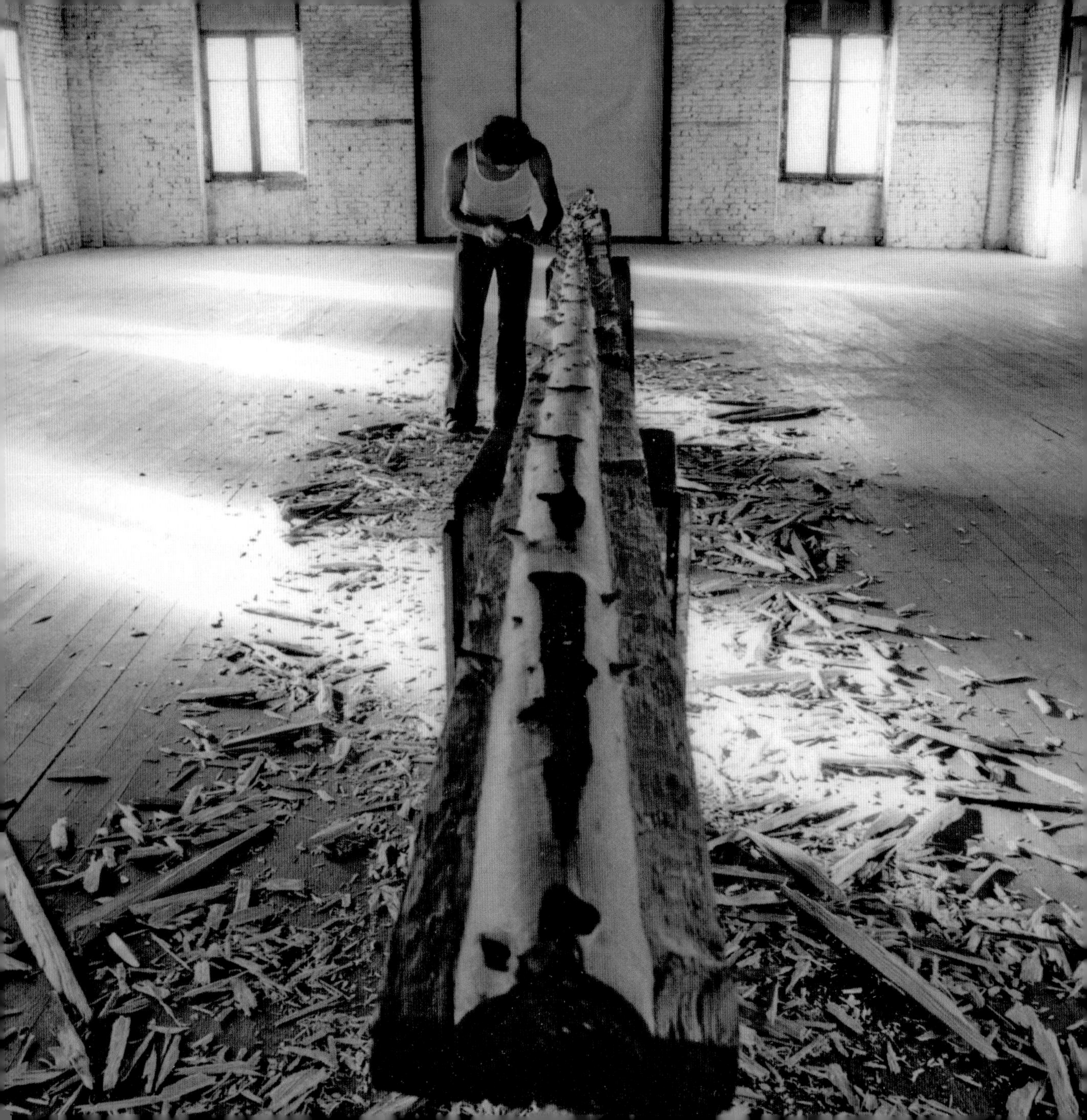

L'Arte Povera

On sait depuis longtemps que l'histoire de l'art est la moins exacte des sciences humaines, qui ne le sont déjà guère, et que son cas s'aggrave parce qu'elle délègue l'activité classificatoire qui devrait être la sienne à la critique d'art, mue autant par les urgences du moment que par le souci de clarté[1]. Le cubisme et le fauvisme doivent ainsi leur nom à une rosserie mondaine (« Donatello chez les Fauves » ou « Bizarreries cubiques », l'un et l'autre commentaires étant de Louis Vauxcelles). L'Arte Povera serait plutôt né sous de meilleurs auspices, puisque sous la plume de Germano Celant et pour désigner une exposition dont il était lui-même l'instigateur : « Arte Povera e im spazio », qui se tint à la galerie La Bertesca à Gênes en 1967[2]. On a cependant souvent démontré l'invalidité de cet Art pauvre[3] comme catégorie. Si quelques expositions dans les années 1980, notamment celle de New York en 1985, semblent avoir stabilisé au moins l'extension de cet ensemble en le restreignant à désigner l'activité de douze artistes[4], il est aisé de voir que cette liste[5] est le résultat d'ajustements aléatoires et contingents, en tout cas nullement fondés sur un commun dénominateur formel ou théorique. Six artistes seulement figurent à l'exposition éponyme, d'ailleurs de deux ans postérieure à la rencontre de Celant avec les artistes ; l'un d'eux, Emilio Prini, a disparu de la liste d'aujourd'hui. Si Celant est originaire de Gênes, la plupart des artistes sont turinois – Turin occupe une place à part, en marge de Milan et de Rome, plus libre mais néanmoins très informée, par l'intermédiaire des galeries Stein ou Sperone. Parmi ceux qui s'adjoindront par la suite aux expositions labellisées « Art pauvre », certains demeureront et d'autres non : Anselmo, Pistoletto et Zorio apparaissent fin 1967 à l'exposition « Collage 1 », en même temps que Gilardi ou Piacentino[6]. Très vite, Celant dessine un possible élargissement du cercle, et lorsqu'il demande en 1969 à des artistes leur collaboration pour un livre intitulé *Arte Povera*[7], des individus aussi différents que Carl Andre, Douglas Huebler, Bruce Nauman et Ger van Elk sont sollicités en plus des noms déjà cités – hors celui de Pascali, qui a trouvé la mort quelques mois auparavant dans un accident de motocyclette. D'autre part, les protagonistes des premières expositions de Gênes sont bientôt intégrés dans de grandes expositions thématiques, celle d'Harald Szeemann – « When Attitudes Become Form » [Quand les attitudes deviennent forme] à Berne en 1969, ou « Processi di pensiero visualizzati » [Processus de pensée visualisés], qu'organise Jean-Christophe Ammann à Lucerne en 1970[8], qui semblent développer un propos voisin de celui d'*Arte Povera*. « Lorsque je me suis retrouvé,

Giuseppe Penone dans son atelier, 1975, Garessio
Photo : Paolo Mussat Sartor

explique Germano Celant, à théoriser ce terme, je me suis rendu compte qu'il était limitatif. [...] Ce n'est donc pas par hasard qu'en 1972, j'ai écrit que le terme "Arte Povera" n'était plus utilisable précisément parce qu'il devenait un cliché répétitif[9]. »

Malgré donc son auteur qui le juge « calciné », et les alternatives séduisantes qui se présentent, le terme générique d'Arte Povera s'incruste et devient historique. Aucune déclaration de principe, aucun *manifeste* à proprement parler ne président pourtant au lancement du mouvement. Les deux textes que l'on peut considérer comme fondateurs sont d'une part la préface de Celant à l'exposition de La Bertesca, d'autre part les « Notes pour une guérilla » (« Appunti per una guerriglia »), qu'il fit paraître peu de temps après dans la revue *Flash Art*[10]. La préface précise le sens de l'adjectif « pauvre », qui est emprunté au vocabulaire du théâtre de Grotowski, lui-même marqué par Artaud, la psychanalyse selon Jung, et les philosophies orientales : la pauvreté dans ce contexte doit être comprise comme un *dépouillement volontaire des acquis de la culture* pour atteindre à la vérité originaire du corps et de ses perceptions. Le texte s'ouvre sur une description du film d'Andy Warhol *Sleep*, et fait constamment référence au cinéma et au théâtre (dont la pratique radicale est représentée par le Living Theatre de Julian Beck, alors installé en Italie). Les arts visuels se voient assigner la mission de « pulvériser, par l'effet de la pure présence, toute scolastique conceptuelle (*stritolare con la pura presenza ogni scolastica concetuale*). La victime désignée de ce sacrifice [étant] le spectateur œil + oreille[11] ». L'article intitulé « Notes pour une guérilla » reprend les mêmes arguments et les mêmes références tout en prévoyant une possible extension de leur domaine d'application à de nombreux artistes autres que les stricts participants de l'exposition de Gênes : d'où cette idée militante d'une révolution en progrès. Sous la phraséologie de l'époque pointe une revendication essentielle qui parcourt le champ artistique et dont on retrouverait des échos au-delà des rhétoriques, aussi bien chez Artaud que chez le Dubuffet d'*Asphyxiante culture*. Quand on oppose à Celant la situation de l'Arte Povera aujourd'hui – il fut présenté à la Biennale de Venise en 1986 dans l'exposition « Wunderkammer », c'est-à-dire comme une de ces curiosités qu'on montrait au XVIIIe siècle dans les cabinets des Merveilles –, à son passé offensif, il répond avec justesse que sa vraie pertinence politique tient probablement à ce qu'il ne s'est pas périmé dans une idéologie[12]. Mais il était normal qu'en cette fin des années 1960 un art de rupture fût assimilé à l'ensemble des révoltes et des rejets plus ou moins fondés qui se faisaient jour à l'époque : Jean-Christophe Ammann compare ainsi l'Arte Povera à *Easy Rider* de Peter Fonda ou *Zabriskie Point* d'Antonioni[13] !

Giovanni Anselmo
***Trecento milioni di anni* [Trois cents millions d'années], 1969**

Anthracite, lampe, câble électrique, feuille de métal, 30 × 56 × 25 cm
Collection particulière

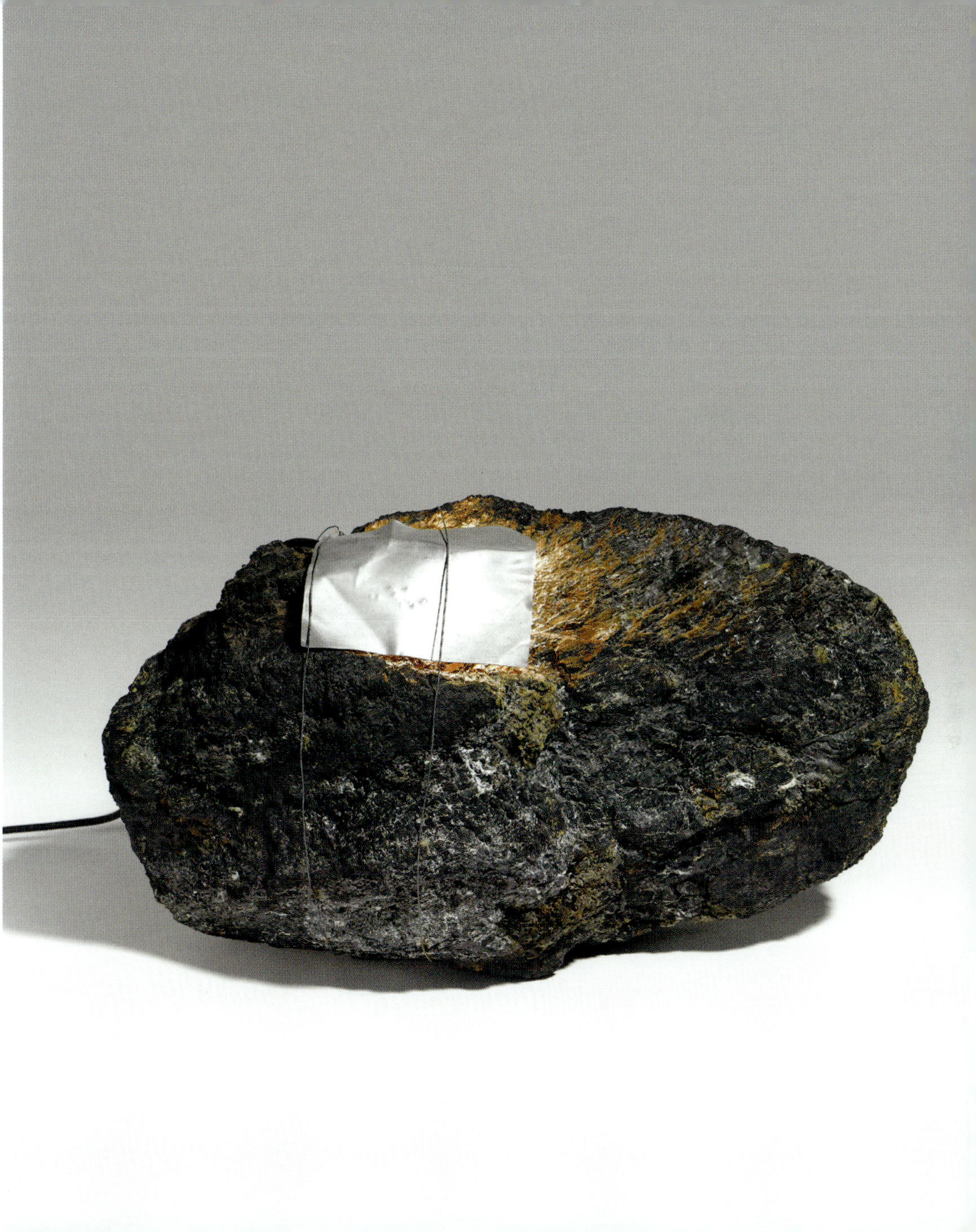

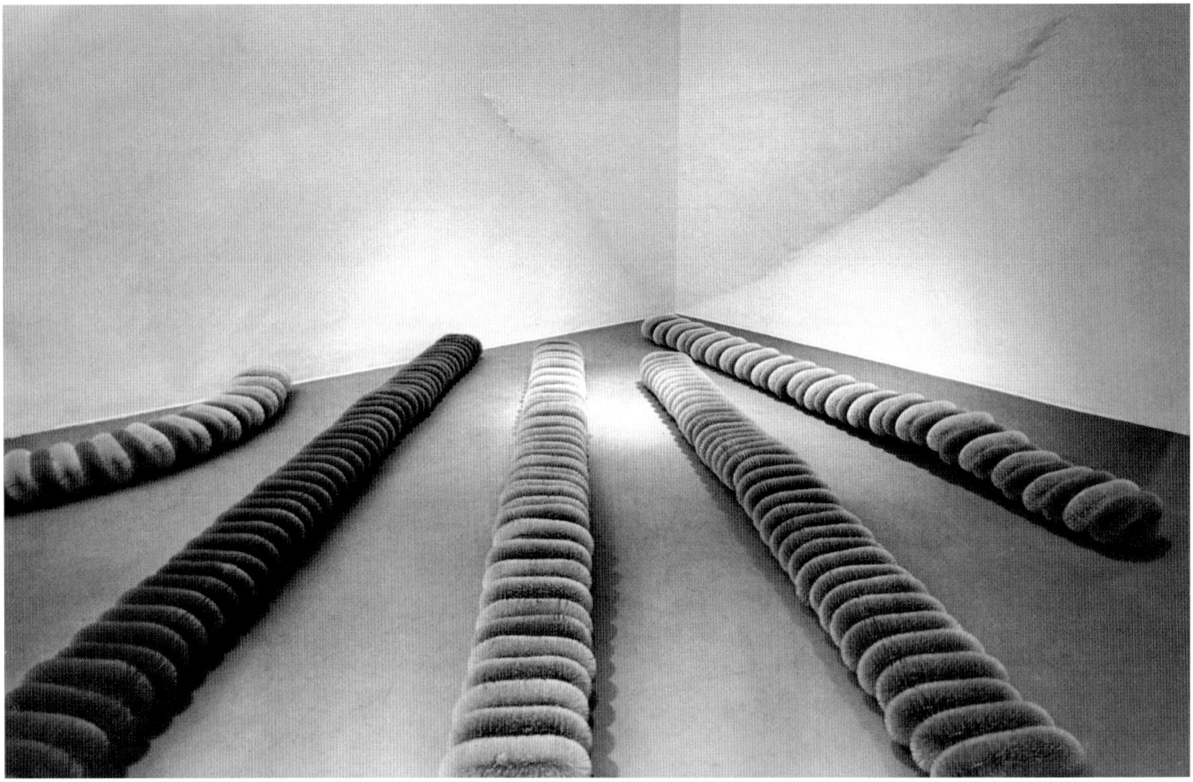

Pino Pascali
Cinque Bachi da setola
[Cinq vers à soie], 1968

Tissu acrylique sur support métallique
de dimensions variables
Photo prise lors de l'exposition
« Cinque bachi da setola e un bozzolo »,
galerie L'Attico, Rome, mars 1968

Mais les textes ne sont pas les œuvres, et leur degré de généralité ne permet guère d'en faire une base solide pour la définition d'un « courant ». L'Arte Povera est un objet qui *résiste*, parce que sa constitution obéit à plusieurs lois qui ne peuvent pas se rencontrer dans un espace théorique commun. Les alternatives de détermination, de redéfinition du mouvement n'ont pas manqué. Outre les « Processus de pensée visualisés » d'Ammann et les « Attitudes » de Szeemann, déjà cités, on trouve sous la plume de R. Barrilli l'« Abstraction technologique », qui ramène l'Arte Povera aux préoccupations de l'abstraction en peinture, à cette différence près qu'il utiliserait directement les matériaux industriels manufacturés, et beaucoup d'autres propositions[14], toujours confrontées au même écueil : ce que gagne le terme en précision conceptuelle, il le perd en efficacité. Quelle œuvre d'art ne pourrait en fin de compte être dite un processus de pensée visualisé ? Ce paradoxe est étonnamment décrit, au moment même où il se manifeste, par une œuvre emblématique de Mario Merz, connue sous le nom d'*Igloo di Giap* [Igloo de Giap] (1969); elle porte à sa surface l'inscription d'une maxime de guerre du général nord-vietnamien : « Si l'ennemi se concentre il perd du terrain, s'il se disperse il perd sa force. » Théoriquement, le terme d'Arte Povera ne tient pas. Mais le débat ne se situe pas qu'au plan théorique : l'histoire du mouvement comporte une dimension nationale, presque politicienne, qu'il ne faut pas négliger. Il s'agit d'exister face aux USA qui viennent, avec le grand prix de Rauschenberg à la Biennale de Venise en 1964, de concrétiser leur domination sur la scène européenne. La moins mauvaise définition du mouvement pourrait être en somme : la branche *italienne* d'un mouvement international qui s'incarne ailleurs sous les noms d'Antiform, de Process Art ou de Land Art, voire de Minimal ou de Conceptuel, ou même sous l'emblème d'un artiste, comme c'est le cas en Allemagne pour Joseph Beuys. Il ne semble pas qu'on puisse confondre les registres et opposer, comme le fait Bernard Marcadé[15], des caractéristiques formelles « européennes » propres à l'Arte Povera à d'autres, « américaines » spécifiques du Minimal – opposition qui recouperait celle de la nature et de la technique, et finalement du *propre* et du *sale*. Trop d'exceptions démentent cette thèse de part et d'autre, malgré son charme. D'autant qu'un troisième plan vient interférer avec le théorique et le politicien, qui est au fond celui de la cohérence amicale, et tient à la reconnaissance par les artistes du rôle puissamment fédérateur de Germano Celant.

L'Arte Povera n'est pas sorti moulé de la tête d'un philosophe et l'on échouerait à coup sûr à le justifier en raison, à l'opposer ou le comparer en bloc à d'autres mouvements, à prendre ce nom pour une chose : l'Arte Povera est une tribu d'artistes, parmi les meilleurs de cette fin de siècle, liés certains par un air de famille, mais pas seulement et pas nécessairement. La courte introduction qui est l'objet de ce livre se fera donc par l'examen des individualités qui composent le mouvement, qu'on acceptera figé à la liste des douze (!) déjà cités.

Giovanni Anselmo

« Un mystère d'amour dans le métal repose
Tout est sensible ; et tout sur ton être est puissant. »

Gérard de Nerval, *Vers dorés*

On a pu dire d'Anselmo qu'il tournait en rond : son œuvre peut en effet être ramenée à un catalogue limité de quelques principes essentiels ; mais elle n'est perceptible comme répétition qu'aux adorateurs du Nouveau, qui assimilent les artistes à des producteurs ordinaires et attendent chaque exposition comme la nouvelle collection d'un couturier. Anselmo se meut dans un tout autre temps, fort éloigné de cette microscopique agitation : celui – aisément tenu pour naïf ou obsolète – des grands cycles de la nature et des forces qui la composent. Il occupe une position très particulière qu'on aurait beaucoup de mal à rapporter aux figures actuelles de l'Artiste, mondaines ou héroïques, mais qui s'intégrerait en revanche assez bien dans notre imaginaire auprès de celles du Philosophe, du Géomètre, de l'*Alchimiste* : il est en quelque sorte l'archétype de l'« artiste pauvre » selon Germano Celant. À ce titre, il est d'ailleurs *sans histoire* : il n'y a nulle nécessité à tracer une évolution de ses œuvres, tant elles semblent se mouvoir dans une chronologie distincte de la nôtre.

« Il découvre autant le caractère magique (des réactions et des compositions chimiques), le caractère inexorable (de la connaissance végétale), la précarité (de la matière), la fausseté (des sens), la violence des événements naturels (désert, lac salé, mer, neige, forêt), l'instabilité (d'une réaction biophysique)[1]. » Ses œuvres s'attachent à rendre perceptible, dans un registre qui tient à la fois de la métaphore et de la description scientifique, l'ordre souterrain des choses. *Trecento milioni di anni* [Trois cents millions d'années] (1969) juxtapose ainsi un bloc d'anthracite et une lampe allumée, étroitement fixée à ses côtés par un fil de fer. Cette évocation de l'identité des contraires serait banale, et même peut-être sotte, si le bloc de charbon n'était pas en même temps *réellement* de la lumière solidifiée : lumière qui fut autrefois celle du soleil, muée tout d'abord en chlorophylle par les plantes, elles-mêmes cristallisées en minéraux par l'action du temps géologique.

« Il y a bien longtemps, explique Anselmo, l'anthracite était ou un végétal ou un saurien ou n'importe quoi d'autre d'organique et d'animé avant que les transformations de la croûte terrestre n'enfouissent bien des aspects de la vie et ne les soustraient à la lumière. Cette lampe, placée par moi sur

Giovanni Anselmo
***Respiro* [Souffle], 1969, (détail)**

Éponge végétale, barres d'acier,
10 × 5 × 800 cm
Musée d'art contemporain, Lyon
Achat, 1985
Inv. : 984.10.1

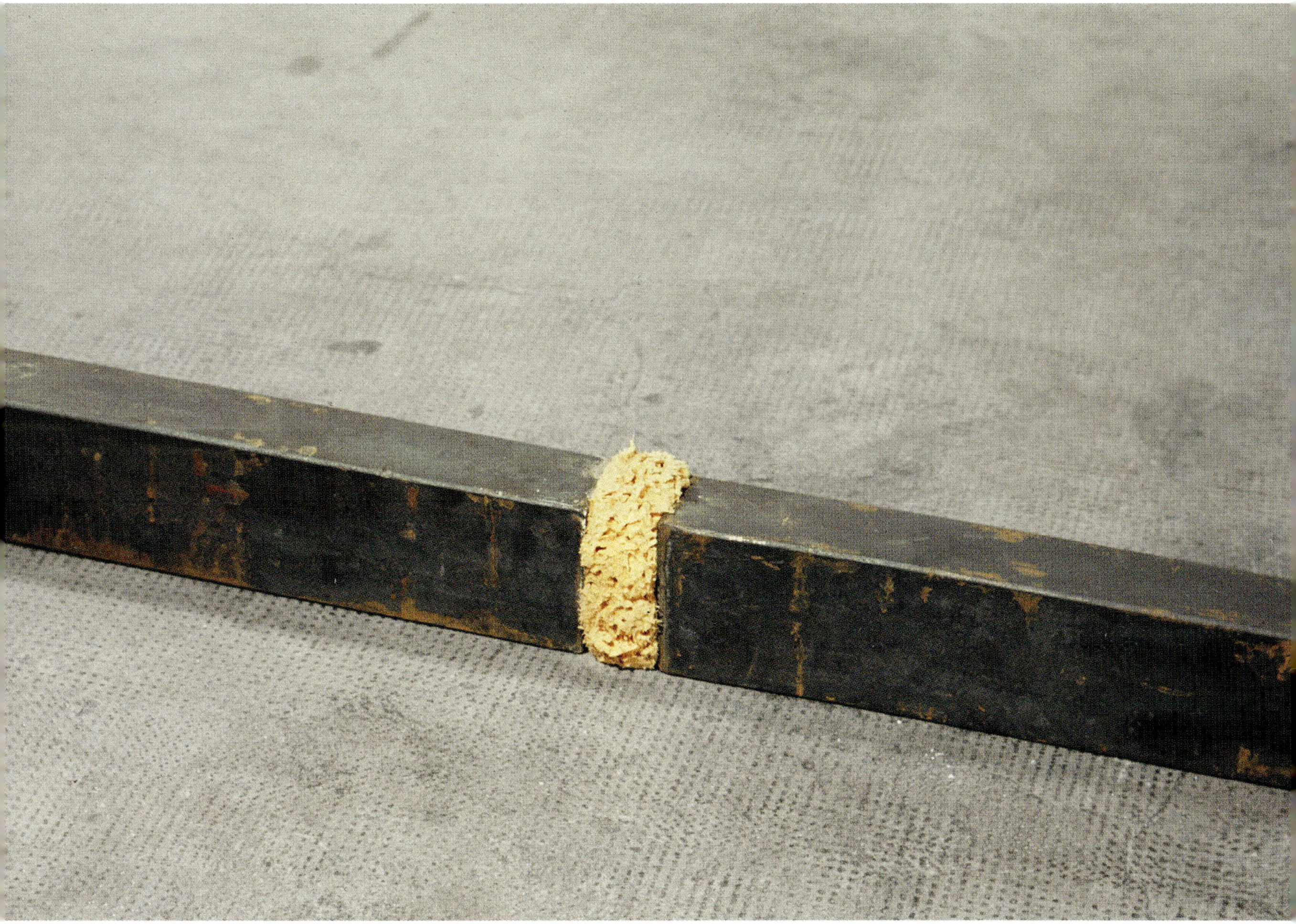

l'anthracite, annule le temps écoulé entre notre aujourd'hui et ce qu'autrefois ce matériau pouvait bien être[2]. » On pourrait dire de *Trecento milioni di anni* ce que Daniel Defoe disait de son *Robinson Crusoé* : c'est une histoire vraie, malgré son aspect allégorique. Un certain nombre d'œuvres d'Anselmo reposent sur ce procédé singulier de l'allégorie réelle : dans *Respiro* [Souffle] (1969), une éponge végétale comprimée entre deux rails de chemin de fer « respire » en fonction des dilatations du métal. L'œuvre donne une image du processus réel mais imperceptible qui l'anime secrètement. Une œuvre sans titre de 1969 (une pièce de 75 kg suspendue par un câble en haut d'une paroi), qui a connu de nombreuses variations (citons *Grigi che si alleggeriscono verso Oltremare* [Gris qui s'allègent vers l'Outremer], en 1984) prend appui sur l'antagonisme entre notre perception de la gravitation et sa raison scientifique. « Du fait de certaines lois de la physique, la pierre – placée un peu plus loin du centre de la terre – de façon imperceptible devient plus légère. Cela donne à penser que transportée plus haut encore, en un certain point de l'Univers, par exemple entre le soleil et la terre, la pierre perdrait complètement son poids. Alors elle pourrait être assimilée à l'idée d'envol[3]. »

Newton, dit-on, mit au point la théorie de la gravitation pour avoir observé la chute d'une pomme au clair de lune – on oublie souvent le clair de lune : mais c'est de voir la lune suspendue tandis que la pomme tombait que jaillit l'étincelle[4].

Anselmo réactualise cette vision en jouant sur le très réel, bien qu'absolument infinitésimal, allégement d'une pierre soulevée de terre par un câble. Toute l'ambition de cet art est finalement de transcrire dans notre espace et notre temporalité exigus des phénomènes que nous savons, par la physique, *agissants*, mais qui n'ordonnent pas ou pas encore notre vision du monde (ou peut-être ne l'ordonnent plus, les mythes primitifs et les croyances populaires donnant maints exemples d'une soumission à des forces non perçues). *Direzione* [Direction] (1967-1968), une des premières propositions d'Anselmo, conservée au Musée national d'art moderne, donnera sans doute une idée plus claire de son projet que cette formulation quelque peu absconse. Il s'agit là d'une pierre de granit triangulaire, percée en son milieu d'une petite cavité circulaire destinée à recevoir une boussole. La pointe de la pierre est tournée vers le nord qu'indique l'aiguille aimantée, de sorte que cette dernière dessine l'axe de symétrie du triangle. La disposition de l'œuvre est commandée par les points cardinaux.

Dans un musée, c'est-à-dire dans un espace hautement symbolique destiné à classer les objets selon le double impératif de la chronologie et de la valeur, *Direzione* fait comme irruption : elle fait surgir dans l'ordre muséal

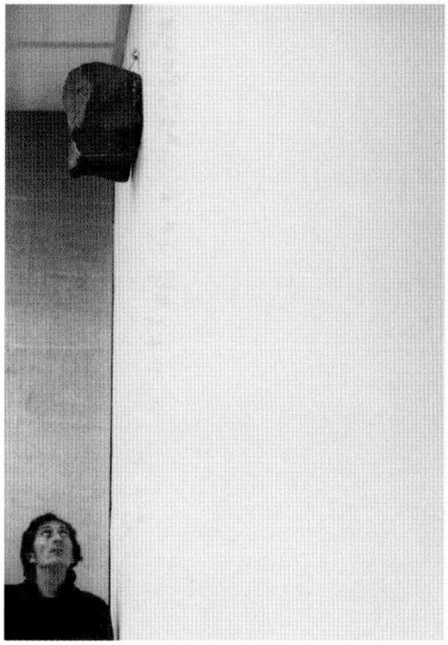

Giovanni Anselmo avec « sans titre » (1969, pierre, câble électrique, nœud coulant), lors de la IIIe Biennale internationale de la jeune peinture, Museo Civico, Bologna, 1970. Photo : Paolo Mussat Sartor

Giovanni Anselmo
***Dessin*, 1966**

Mine graphite sur papier, 90 × 64 cm
Centre Pompidou, Musée national d'art moderne
Achat, 1980
AM 1980-3

celui antérieur et primordial des axes telluriques. Son agencement n'est ni caprice d'esthète ni argument d'historien : l'œuvre est posée sur une ligne de force qui préexistait à l'institution et lui survivra longuement...

« Cette réalisation, d'autres aussi qui la précèdent ou qui la suivent, commence à l'emplacement où elle se trouve – et elle finit où se situent les champs magnétiques terrestres, le centre de la terre, etc., qui me renvoient à leur tour à d'autres pôles, ou à d'autres centres de l'univers[5]. » Cette effraction d'un temps dans un autre, d'un espace dans un autre, est la clé de nombreuses pièces d'Anselmo, dont la très fameuse « sculpture qui mange » (Sans titre [granit, laitue, fil de cuivre], 1968), également conservée au Musée national d'art moderne : deux blocs de granit sommairement assemblés sont maintenus en équilibre par un élément végétal, en l'occurrence une salade. Il faudra changer fréquemment cette dernière pour maintenir l'équilibre. La précarité de la laitue étend le soupçon de fragilité à la pierre elle-même : l'une et l'autre sont promises au même destin de poussière, le minéral vivant simplement dans un temps plus étiré, qui égrène sur des millions d'années la décomposition qui gagne la plante en quelques heures.

Les pierres maniées par Anselmo ont l'opacité du bloc mystérieux figurant dans la *Mélancolie* de Dürer : la gravité qu'elles évoquent n'est pas seulement celle de Newton, et elles constituent peut-être le meilleur exemple de cet « appauvrissement » des signes en archétypes chargés d'énergie que Germano Celant a vu s'opérer chez les « artistes pauvres » au début de leur aventure commune. Nous aurons maintes fois l'occasion de revenir sur la dimension mélancolique de l'Arte Povera et sa possible assimilation à la très ancienne tradition de la *Vanité*.

Giovanni Anselmo
Sans titre (granit, laitue,
fil de cuivre), 1968

Granit, laitue fraîche, cuivre, 70 × 23 × 37 cm
Centre Pompidou, Musée national
d'art moderne
Achat, 1985
AM 1985-177

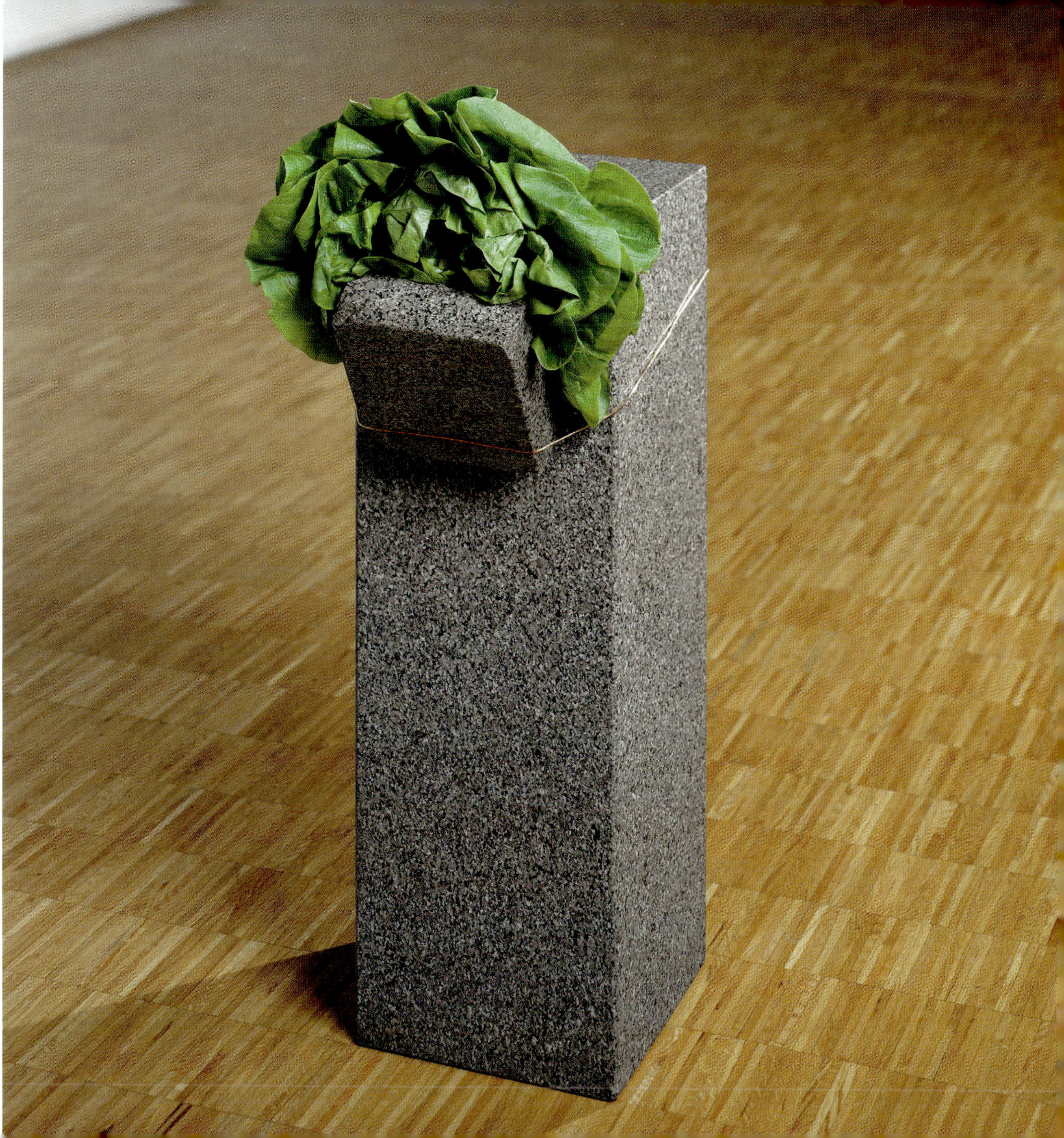

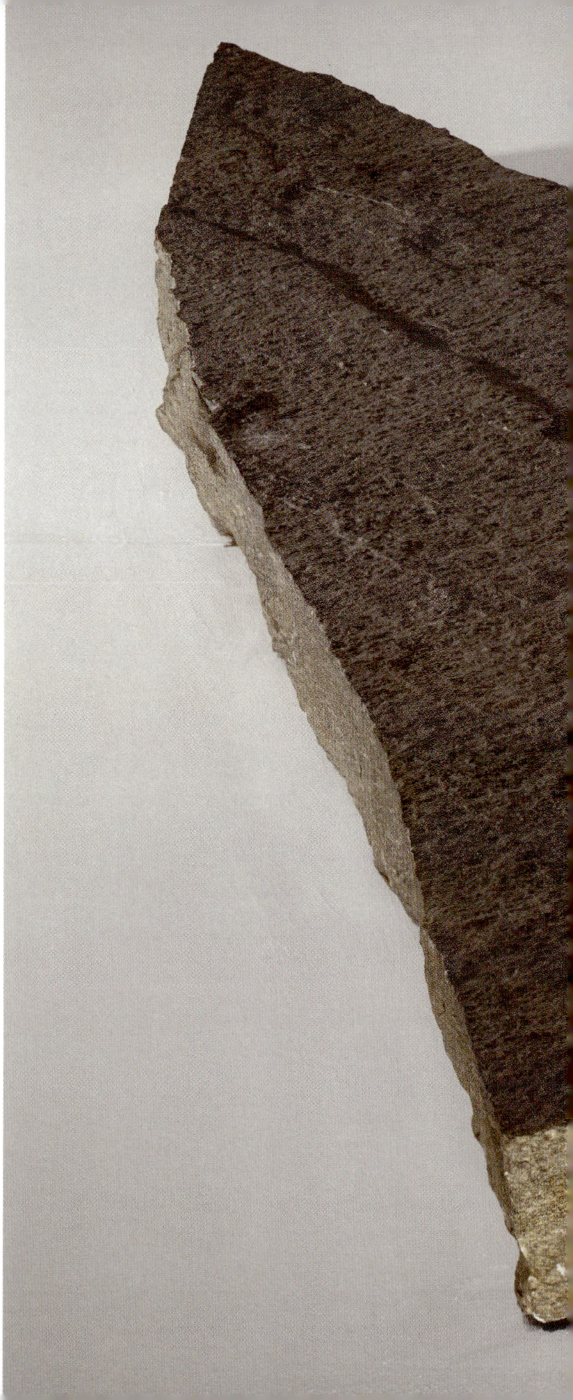

Giovanni Anselmo
Direzione [Direction], 1967-1968

Granit, boussole composée d'une aiguille aimantée, d'une punaise, d'une plaque de verre, 16 × 220 × 101 cm
Centre Pompidou, Musée national d'art moderne
Achat, 1983
AM 1983-485

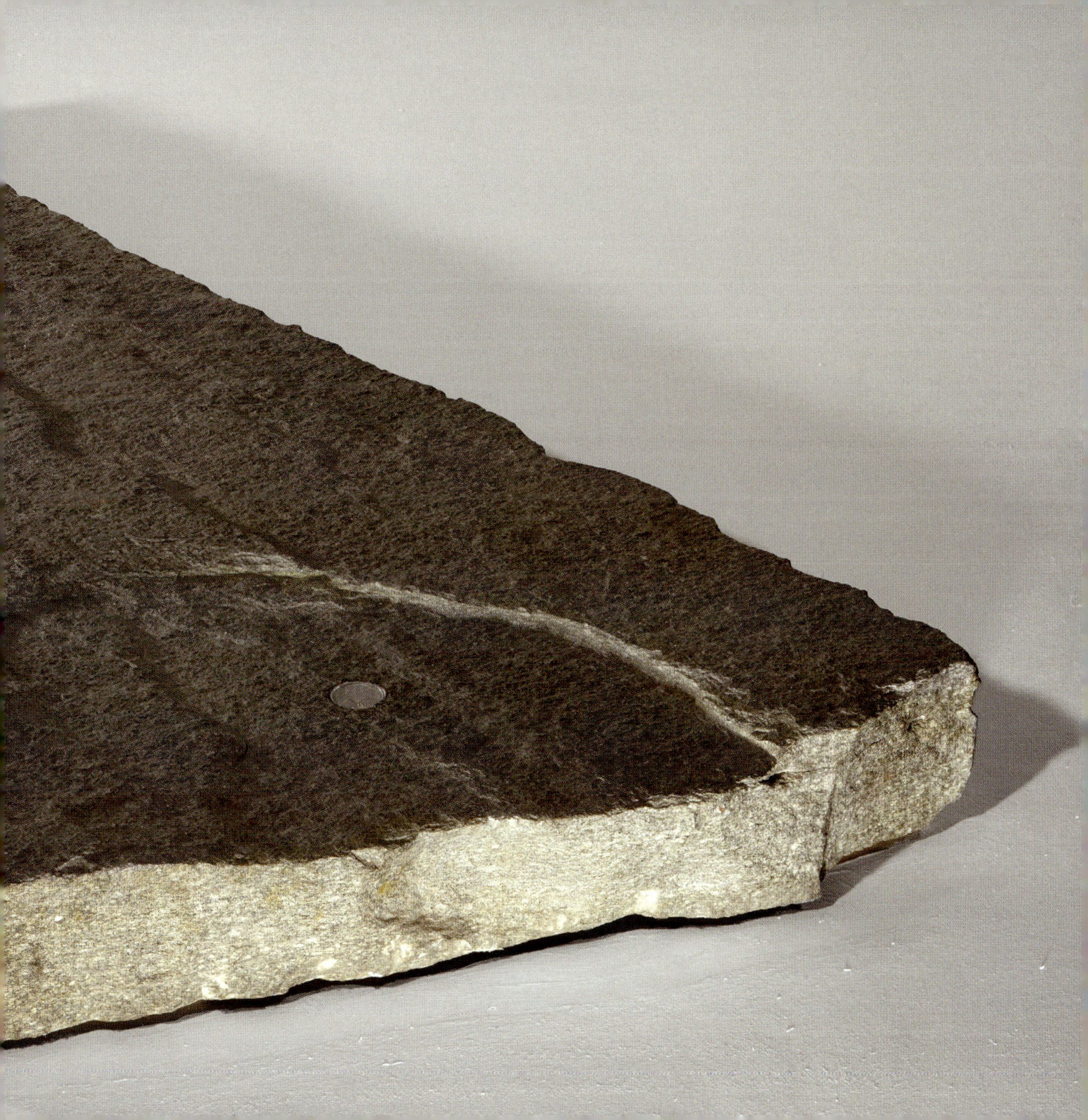

Alighiero Boetti (dit Alighiero e Boetti)

D'abord une explication : le « e » d'Alighiero e Boetti est bien une conjonction de coordination, pas un caprice de l'étymologie. C'est en 1968 qu'Alighiero Boetti décida d'associer ainsi son nom à son prénom : pour l'occasion, un envoi fut fait de cinquante cartes postales qui le représentaient dédoublé en jumeaux, se donnant la main à lui-même. La question du double, de la dualité en général est un des leviers sous-jacents de son œuvre : on la trouve aussi bien dans l'écriture en miroir d'*Oggi è venerdì ventisette marzo millenovecentosettantatre* [Aujourd'hui vendredi vingt-sept mars mille neuf cent soixante-treize], une œuvre que l'on pourrait définir comme une performance ambidextre : la main gauche écrit vers le sud ce que la main droite écrit vers le nord, opposant en cascade la gauche, le sud et la maladresse, à un nord droitier et maître de lui, que dans le curieux *Strumento musicale* [Instrument musical] (1970), inutilisable instrument de musique pourvu de deux manches de guitare, ou dans la juxtaposition de deux plaques peintes chacune du rouge d'une marque de motocyclette (*Rosso Guzzi, Rosso Gilera*). Cette idée d'une identité duelle conduit tout naturellement à une remise en cause du principe même d'identité : dans un esprit voisin de l'introduction du « et » dans son patronyme, Boetti propose aussi d'écrire son nom en regroupant dans l'ordre alphabétique les lettres qui le composent : ABEEGHIIILOORTT[1]. La redistribution des données de la réalité dans un dispositif arbitraire dont la logique n'est pas moins grande que celle de l'ordre établi met en lumière le caractère fragile et purement conventionnel de nos repères apparemment les plus stables. Boetti pousse jusqu'à l'extrême la logique de cette perte d'identité par un rejet de l'effet de style, c'est-à-dire d'une permanence formelle qui autoriserait à identifier de manière efficace un auteur derrière chacune de ses productions. D'abord par la pratique de ce qu'on a convenu d'appeler le Mail Art ou Art postal : des envois poétiques, livrés aux vicissitudes de la poste et qui, de recommandés en retour à l'envoyeur, se patinent peu à peu de tampons, marques et codes anonymes. Par une délégation ensuite de la fabrication des œuvres elles-mêmes : on verra ainsi Boetti mettre à contribution un village tout entier pour noircir un tableau à l'aide de stylos à bille… Cette pratique de sous-traitance artistique trouvera sa forme définitive à l'occasion d'un voyage en Afghanistan en 1971, au cours duquel Boetti découvre les traditions des tisserands de cette région du monde ; il va dès lors confier aux femmes afghanes la confection des tableaux qui reviendront en Occident hanter le marché de l'art. Démarche doublement (!) politique : tout d'abord elle remplit un programme qui était

Alighiero Boetti réalisant chez lui l'inscription murale *Oggi è venerdì ventisette marzo millenovecentosettantatre* [Aujourd'hui vendredi vingt-sept mars mille neuf cent soixante-treize], 1973
Photo : Paolo Mussat Sartor

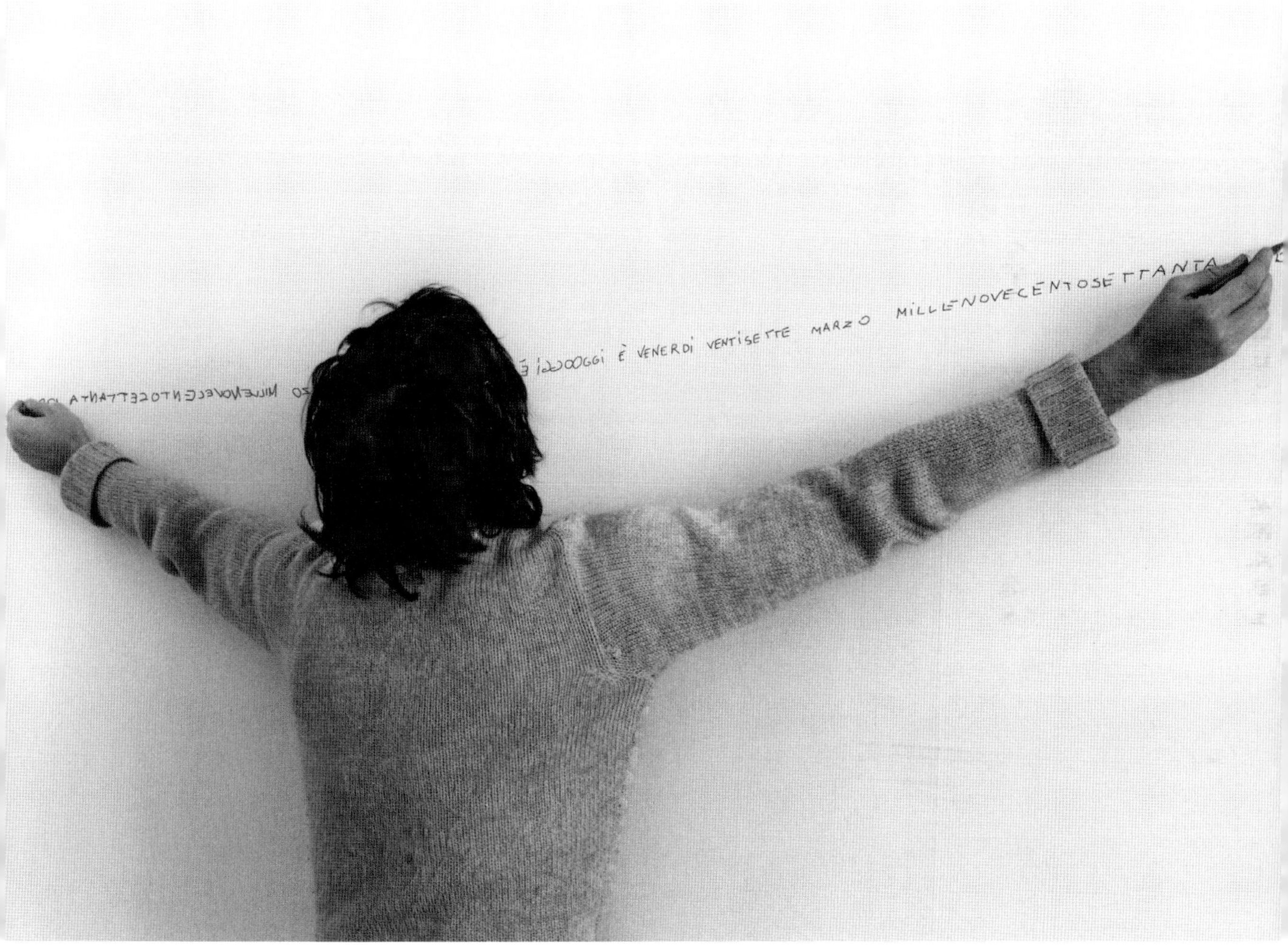
OGGI È VENERDI VENTISETTE MARZO MILLENOVECENTOSETTANTA

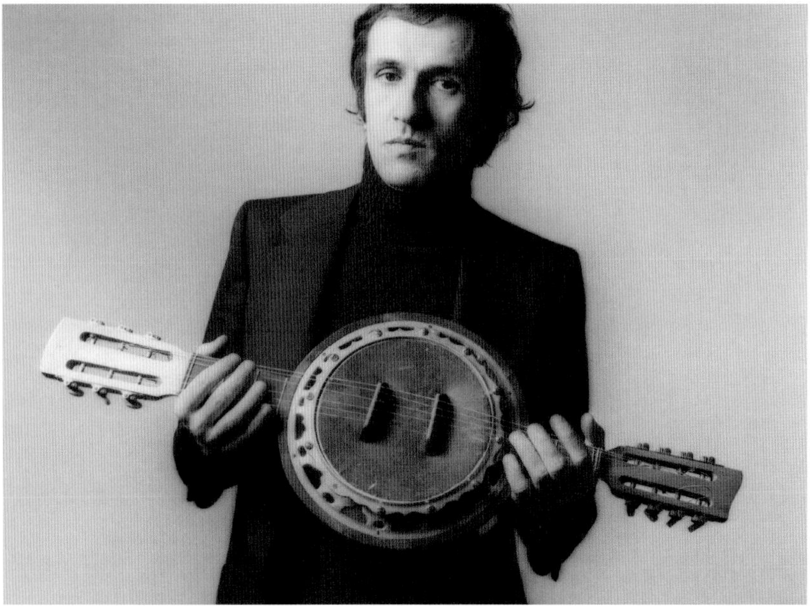

Alighiero Boetti, *Strumento musicale* [Instrument musical], photo prise dans le studio du photographe Paolo Mussat Sartor, 1970

celui des pionniers de la modernité (les constructivistes russes ne prônaient-ils pas la fabrication de « tableaux par téléphone » ?), ensuite elle renvoie à la société industrialisée sa propre image (cartes du monde, silhouettes archétypes comme dans *Tutto* [Tout], 1987), *dans le miroir d'une culture qu'elle est en train de détruire*. Au-delà donc de l'effacement de l'auteur et du style – dont on trouvera également le souci chez Pascali ou Pistoletto – Boetti résout ainsi l'antagonisme classique entre art et politique, sans pour autant subordonner l'un à l'autre. Nous aurons, à propos de Mario Merz, l'occasion d'évoquer ce débat très virulent à la fin des années 1960. Une œuvre de 1969 donne la mesure du recul de Boetti vis-à-vis de son intervention dans le siècle : sur un robuste panneau de bois est appliquée une couche de ciment à prise rapide ; à l'aide d'un poinçon, l'artiste entreprend de graver dans l'enduit encore frais les premières phrases des *Histoires* d'Hérodote. À mesure que le ciment durcit, l'inscription se fait difficile, puis finalement impossible. Seuls quelques mots seront lisibles... Cette allégorie du temps compté (qui évoque la rigueur autrefois de la peinture « à fresque ») suffirait à placer en perspective la vanité des entreprises purement politiques.

Alighiero Boetti
Sans titre. *Verso sud l'ultimo dei paesi abitati è l'Arabia* [Vers le sud le dernier des pays habités est l'Arabie], 1968

Enduit acrylique gravé, sur panneau en fibre de bois, 185 × 159 × 6 cm
Centre Pompidou, Musée national d'art moderne
Achat, 1991
AM 1991-82

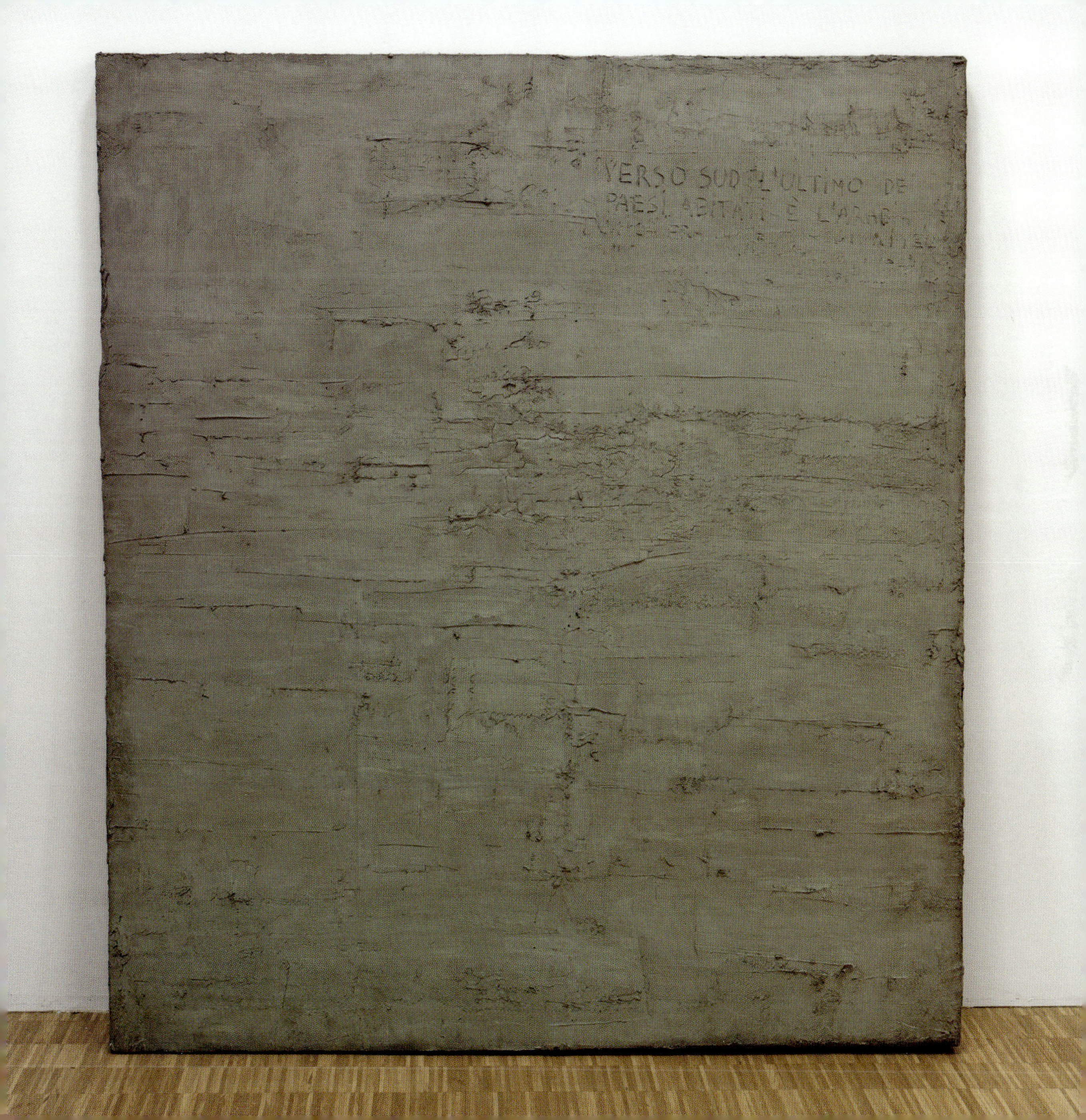
VERSO SUD L'ULTIMO DE
PAESI ABITATI È L'

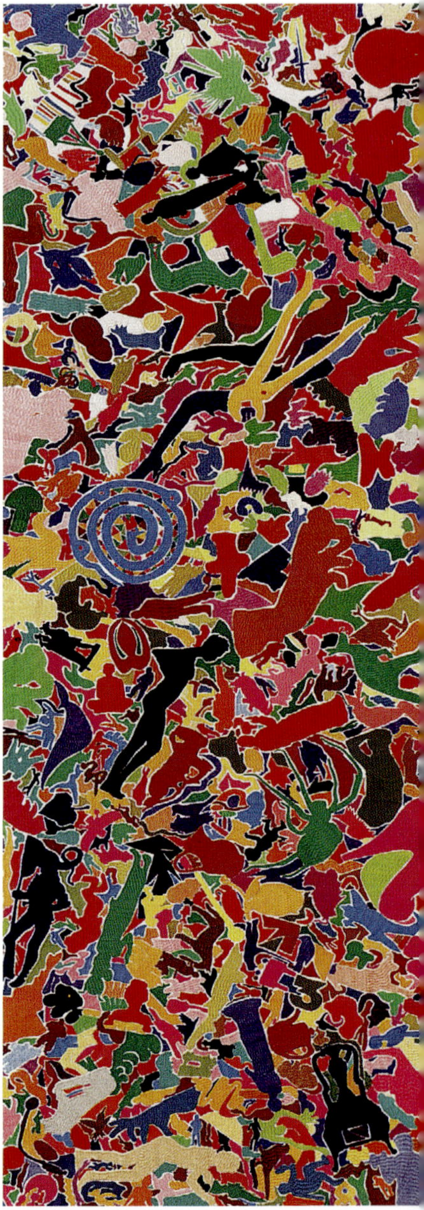

Alighiero Boetti
***Tutto* [Tout], 1987**

Broderie réalisée à Peshawar, sur commande
de l'artiste, par des Afghanes réfugiées
au Pakistan, sur lin, 174 × 251 cm
Centre Pompidou, Musée national
d'art moderne
Achat, 1990
AM 1990-85

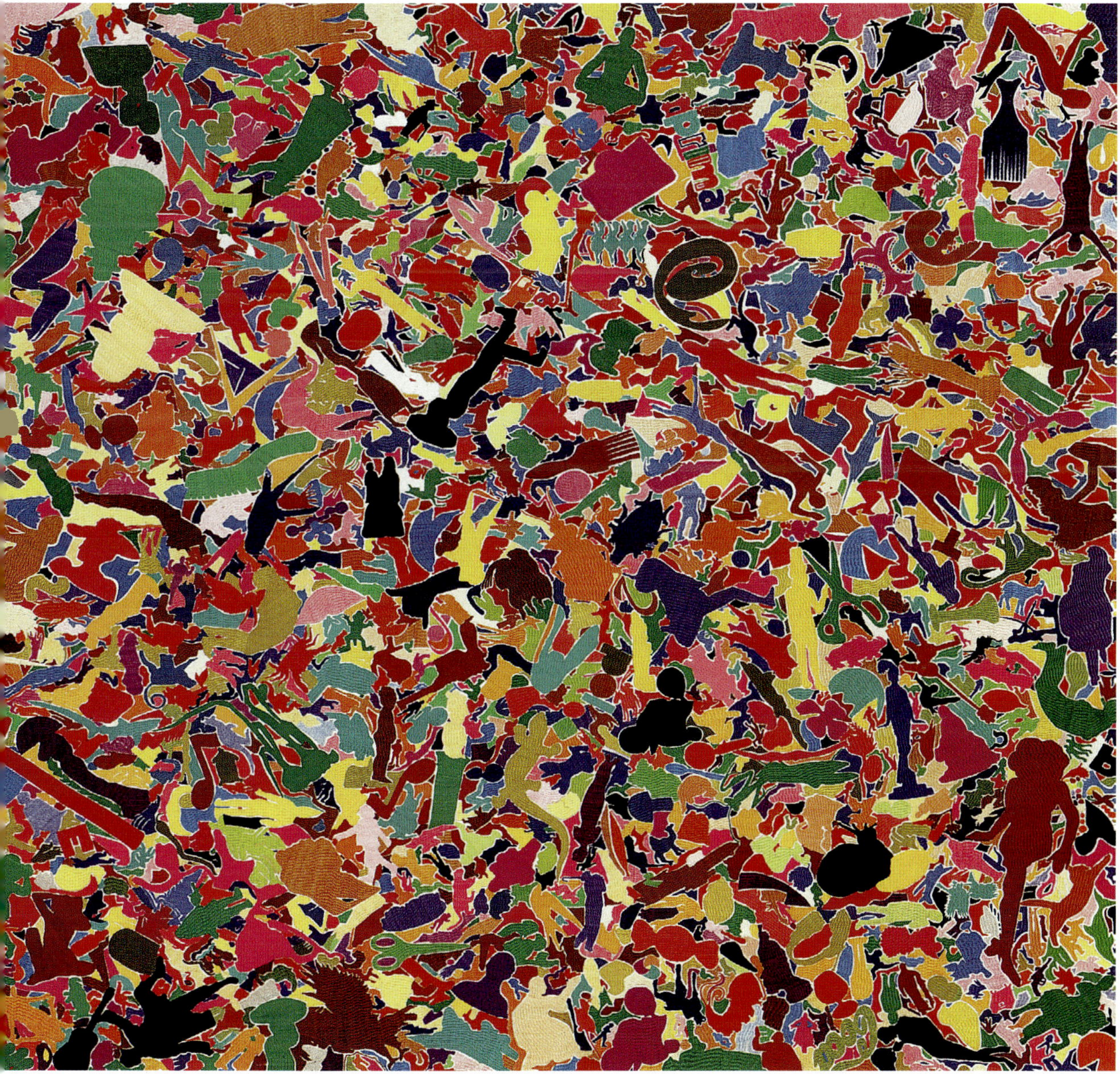

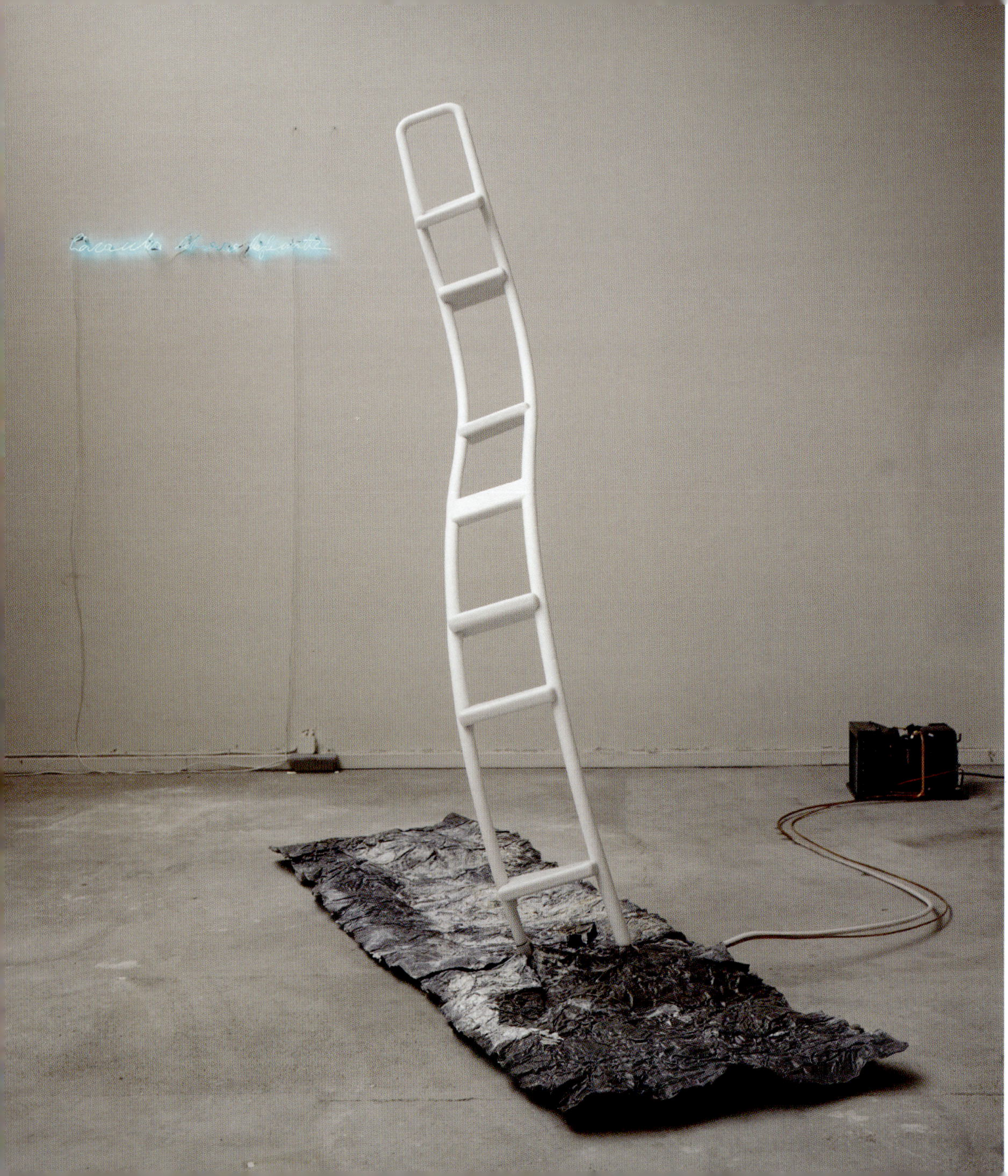

Pier Paolo Calzolari

Raymond Hains aime à définir le geste d'appropriation qui caractérise l'art moderne depuis Marcel Duchamp comme un usage contemporain du *droit d'aubaine* médiéval : l'annexion d'une couleur, d'un motif, d'une invention comme effet de signature (le bleu de Klein, les accumulations d'Arman, les bandes de Buren...). L'effet pervers de ce « parrainage » de la réalité est un enfermement dans un système qui peut devenir rhétorique, ou bavardage. Pier Paolo Calzolari doit à une forte affirmation de sa liberté individuelle (n'a-t-il pas intitulé, en 1969, une œuvre *Lo me me come punti cardinali*, soit : Moi et moi-même comme points cardinaux ?) de ne pas s'être laissé enfermer dans le piège de cette belle idée qui fut sienne d'utiliser le froid artificiel comme élément plastique.

Un certain nombre de ses œuvres, dont le célèbre *Un flauto dolce per farmi suonare* [Une flûte douce pour me faire jouer] (1968), utilisent en effet une structure givrante, raccordée à un mécanisme frigorifique, pour figer un objet, un mot, une ligne comme se les représentait l'imagination de Rabelais dans l'épisode des *Paroles gelées*. Ce procédé original qui annexe au domaine de l'art un élément d'une technique inédite est comme la très exacte métaphore d'une *attitude qui devient forme* (Calzolari, d'ailleurs, participait à l'exposition de Szeemann), l'introduction d'un temps dans un autre. Mais cette cristallisation glaciaire, extraordinairement séduisante, que l'on retrouve tout au long de son œuvre sous des formes diverses n'est qu'*un rite parmi d'autres* d'un culte voué par Calzolari au *passage*[1]. Sa première exposition personnelle en est comme le programme : en 1965, à Bologne, il présente un environnement intitulé *Il filtro è benvenuto all'angelo* [Le filtre est bienvenu à l'ange], où les spectateurs, après s'être déchaussés et avoir traversé un étroit couloir éclairé en « lumière noire » (le « filtre »), sont plongés dans une chambre hallucinatoire tapissée de gazon, où volètent trente-six colombes blanches. Dès lors, son œuvre ne cessera d'exalter le passage : entre espace physique et espace mental, l'instant et la durée, le langage et la forme. La dimension théâtrale de la performance est pour lui un élément essentiel – en liaison directe avec les origines de l'Arte Povera telles que Celant les met en avant : Grotowski, le Living Theatre –, qu'on ne trouve guère, à ce degré de complexité en tout cas, que chez Pistoletto, qui s'entourera de sa propre « compagnie » (le *Zoo*), et peut-être chez Kounellis.

Aussi n'est-il pas rare que ses installations recourent à des procédés scéniques, sonores en particulier – qui en rendent la reproduction à peu près impossible. Le dispositif qui fut présenté à la Biennale de Paris en 1970, puis à la galerie Sonnabend avant d'entrer dans les collections de l'État français, peut se décrire

Pier Paolo Calzolari
L'aria vibra del ronzio degli insetti
[L'air vibre du bourdonnement des insectes], 1970

3 plaques de plomb, échelle en cuivre, laiton, acier, moteur frigorifique et tubulures en cuivre, néon bleu et transformateur, 287 × 297 × 90 cm
Centre Pompidou, Musée national d'art moderne
Achat, 1992
AM 1992-111

comme un environnement : douze ampoules électriques de forme classique pendent au plafond ; autour de chacune d'elles, un néon qui semble un agrandissement du filament incandescent qu'on trouve à l'intérieur de l'ampoule.

Ce filament grossi est en réalité un mot, chaque fois différent. Trois magnétophones diffusent ces mêmes mots murmurés à voix basse. L'objet devient un signe, qui devient une voix.

Ailleurs, comme dans *L'aria vibra del ronzio degli insetti* [L'air vibre du bourdonnement des insectes] (1970) les structures givrantes sont redoublées par l'enregistrement diffusé d'un son particulier. Difficile à reproduire, le travail de Calzolari est aussi difficile à cataloguer : il est même dans sa nature de périmer les étiquettes et de faire parler le monde plutôt que de le classer. À ce titre, Calzolari récuse la logique scolaire de l'avant-garde. L'innovation formelle n'est ni une vertu, ni un rempart contre l'académisme. Ainsi écrit-il en 1984 de l'art conceptuel qu'il fut « un sujet qui faisait rêver beaucoup d'artistes à l'époque, aujourd'hui un objet qu'ils peinturlurent[2] ». Lorsque ce poète, qui n'avait dans sa jeunesse pratiqué la peinture qu'au titre d'un artisanat alimentaire, recourt dans les années 1970 au procédé du tableau, ce n'est pas pour se mettre frileusement à l'abri d'une tradition (le fameux « retour à la peinture » mis en avant par certains artistes) et renier son propre passé. C'est, comme l'écrit Denys Zacharopoulos, « pour faire apparaître l'évidence d'une peinture qui – depuis Monet – n'a pas été faite parce que dé-faite[3] », pour se réapproprier la figure et la couleur dont l'art moderne n'aurait en quelque sorte fait qu'instruire le procès. Le conflit pour Calzolari n'est pas entre la présentation des choses et leur représentation – il n'y a pas de conflit lorsqu'il y a *passage*. Nombre de ses œuvres aujourd'hui mêlent objets et tableaux. Une performance présentée à Turin en 1980 explicite cette logique : elle mettait en présence deux peintures rouges devant lesquelles se tenait un cracheur de feu en action. Dans ce dialogue dangereux de deux incandescences, on peut lire le mouvement de perpétuel devenir qui ordonne le projet de Calzolari.

Pier Paolo Calzolari
Sans titre *(Avid, present, nebulous, elastic/closed, grasped/encircled, locked-in, fluttering, mercurial, dense, intense)* [Avide, présent, nébuleux, élastique/fermé, saisi/encerclé, enfermé, papillonnant, mercuriel, dense, intense], 1970-1971

Pièce composée de 12 néons bleus, 12 haut-parleurs, 12 ampoules électriques, 6 magnétophones, 3 bandes magnétiques stéréophoniques, suspendus au plafond
Centre Pompidou, Musée national d'art moderne
Achat de l'État, 1973 ; attribution, 1980
AM 1980-403

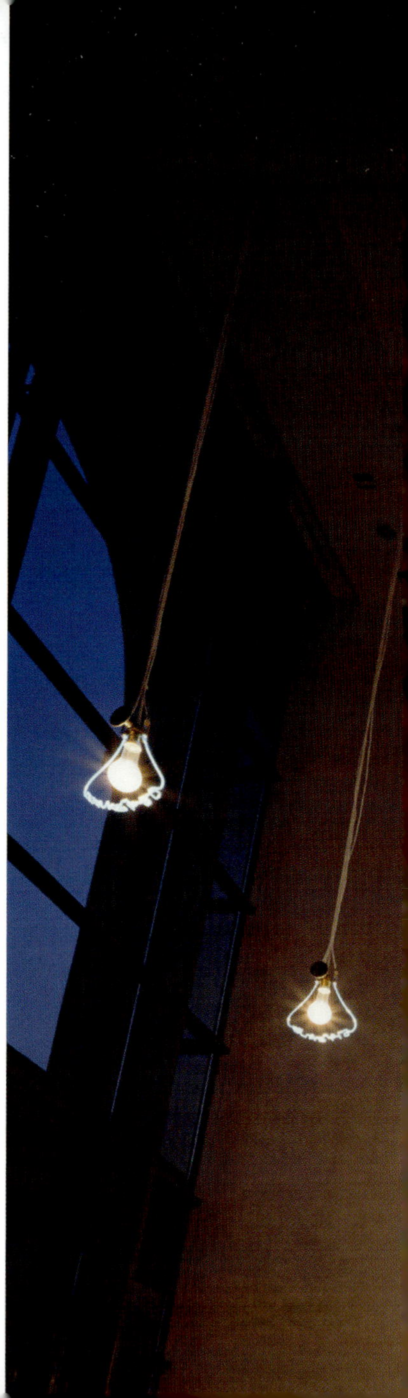

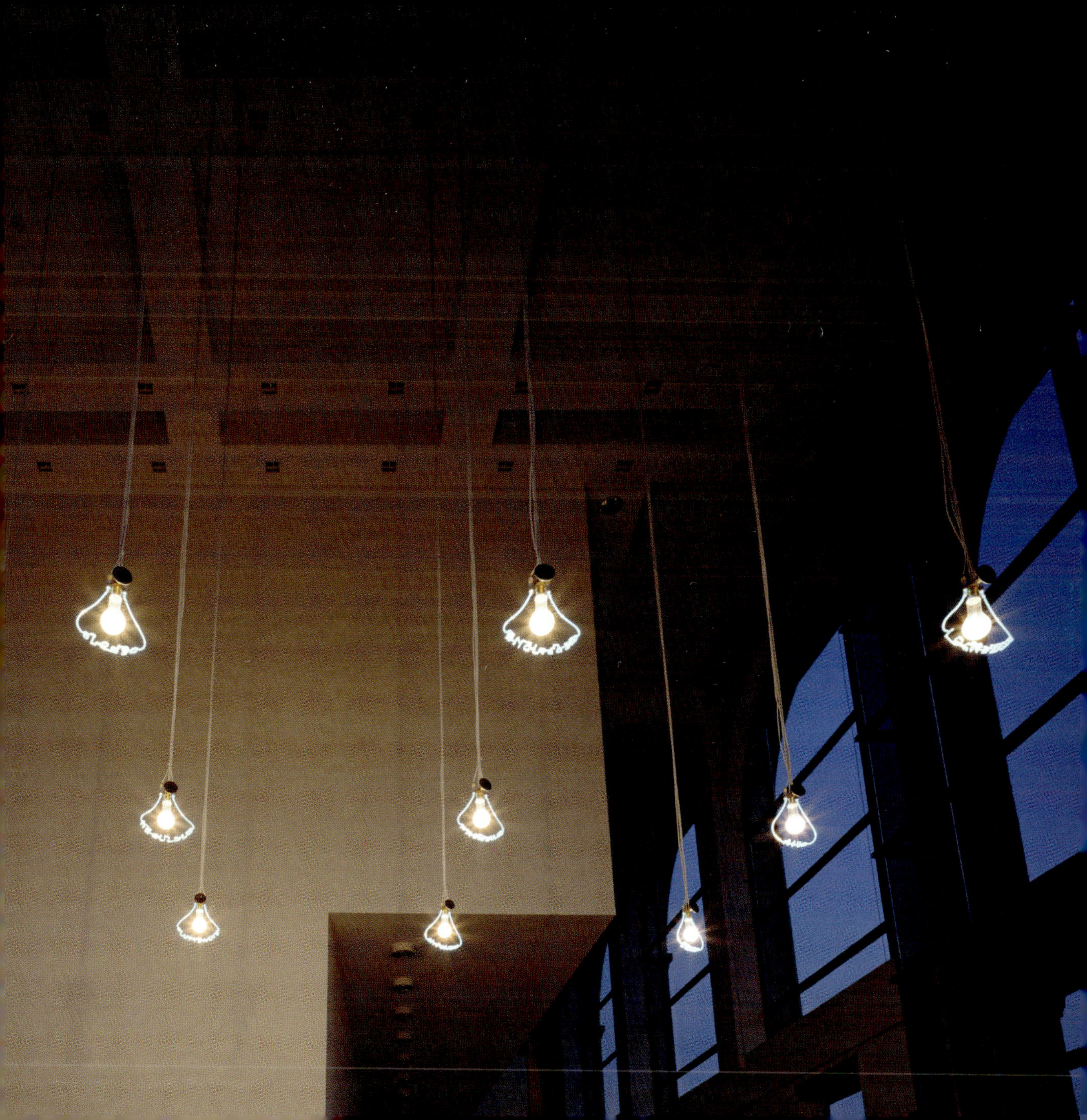

Luciano Fabro

L'œuvre de Fabro est parmi les plus déroutantes, à la fois extraordinairement séduisante et difficile à appréhender. On retrouve dans ses premiers objets cette idée, très présente dans l'art américain des années 1960, que le corps de l'artiste doit donner à l'œuvre sa *mesure* : *In cubo* [Dans le cube] (1967) est un volume pénétrable à l'intérieur duquel Fabro peut se tenir debout, inscrit à la manière de l'homme de Léonard dans une géométrie à son échelle. Mais au lieu que le Minimal Art et surtout l'Op Art font de la géométrie un instrument réducteur, Fabro insiste sur le caractère pluriel de la perception d'une œuvre : « Le fait d'avoir séparé la démarche visuelle de l'expérience dans son ensemble a pratiquement immobilisé la valeur expérience, car, pour nous, l'expérience d'un seul sens n'est plus une expérience. [...] L'expérience c'est sentir, toucher, reconstruire, etc.[1]. » *Incubo*, en italien, c'est aussi le *cauchemar*... Le *Cubo di specchi* [Le Cube du miroir] (1967) associe d'une manière voisine le rêve à l'expérience d'une forme primaire : couvert de miroirs au-dehors et en dedans et entouré de chaises, il n'offre aux spectateurs assis que le vide en spectacle, et à celui qui pénètre dans la structure son image en abyme. On trouvera chez Pistoletto, développée de manière plus systématique, une même fascination pour le miroir. Fabro souligne que pour lui la « pauvreté » de l'« Art pauvre » doit être entendue comme une *simplicité franciscaine*[2], masque dépouillé d'une grande complexité : plus qu'aucun autre, son travail dément en effet l'idée que l'emploi de matériaux rustiques soit un gage de la modernité en sculpture. Il use indifféremment d'éléments bruts (papier journal, cornière métallique standardisée) et de matières absolument somptueuses (ors, marbres fins, verre de Murano, soie naturelle), que l'art du XXe siècle avait délaissées. Les *Piedi* [Pieds] (1968-1972) sont un excellent exemple d'une rédemption de la préciosité décorative dans la présence hiératique d'une forme imposante : ils se présentent comme des pieds de dinosaures « grandeur nature » (mais quelle nature ?) de marbre, de bronze ou de cristal, emmanchés sur des pattes de soie. En réalité, Fabro compare bel et bien ces œuvres aux reconstitutions qu'on voit dans les musées d'Histoire naturelle, mais dans lesquelles l'esprit du sculpteur attentif à l'harmonie globale de la forme se serait substitué à la déduction scientifique. Ces objets sont les plus curieux qu'on puisse imaginer. Ils sont comme écartelés ou plutôt *suspendus* (leur allure est légère) entre un référent monstrueux et absurde – une patte de saurien – et la matière chatoyante d'un palais vénitien. Les grilles analytiques dont nous disposons achoppent à en rendre compte : abstraction/figuration, bon ou mauvais goût..., seul un fil ténu

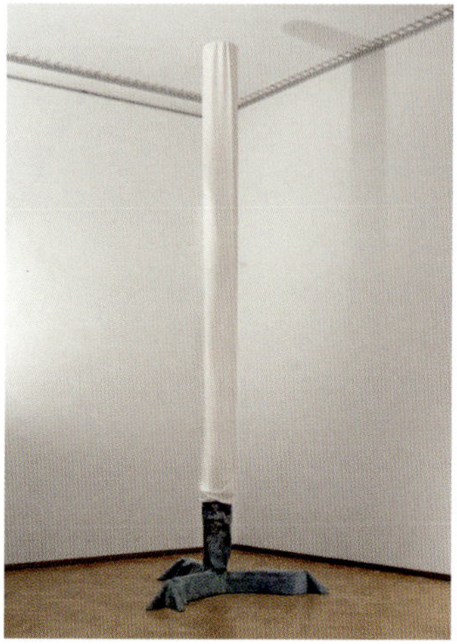

Luciano Fabro
***Bronzo patinato verde e seta naturale (Piede)* [Bronze patiné vert et soie naturelle (Pied)], 1968-1977**

Bronze patiné, soie, dimensions variables : 150 cm
Stedelijk Museum, Amsterdam
BA 3758(1-8)

Luciano Fabro
***Vetro di Murano, seta naturale (Piede)* [Verre de Murano, soie naturelle (Pied)] (détail), 1968-1972**

Verre de Murano, soie naturelle,
333,5 × 108 × 79 cm
9/10
Centre Pompidou, Musée national d'art moderne
Achat, 1989
AM 1989-134

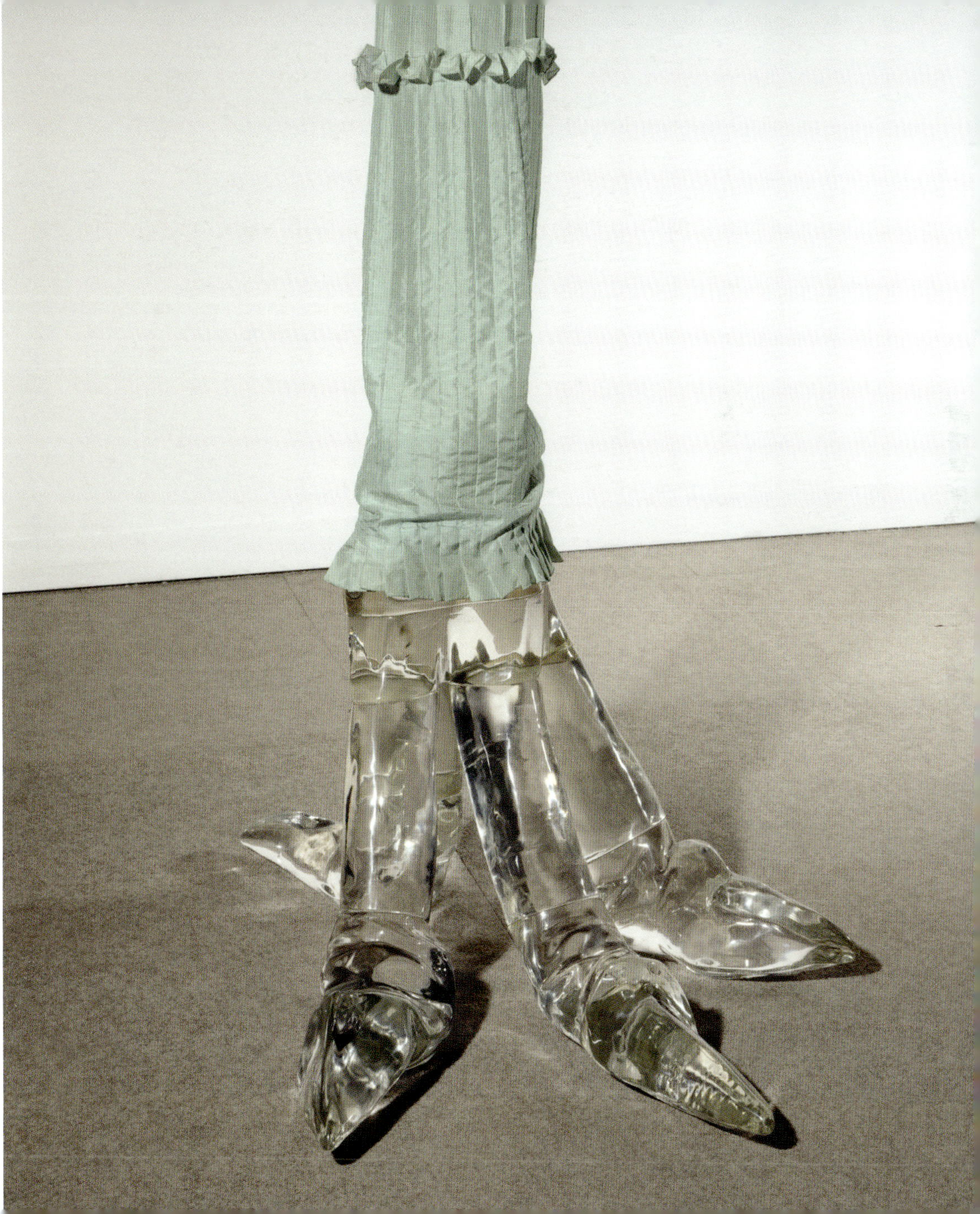

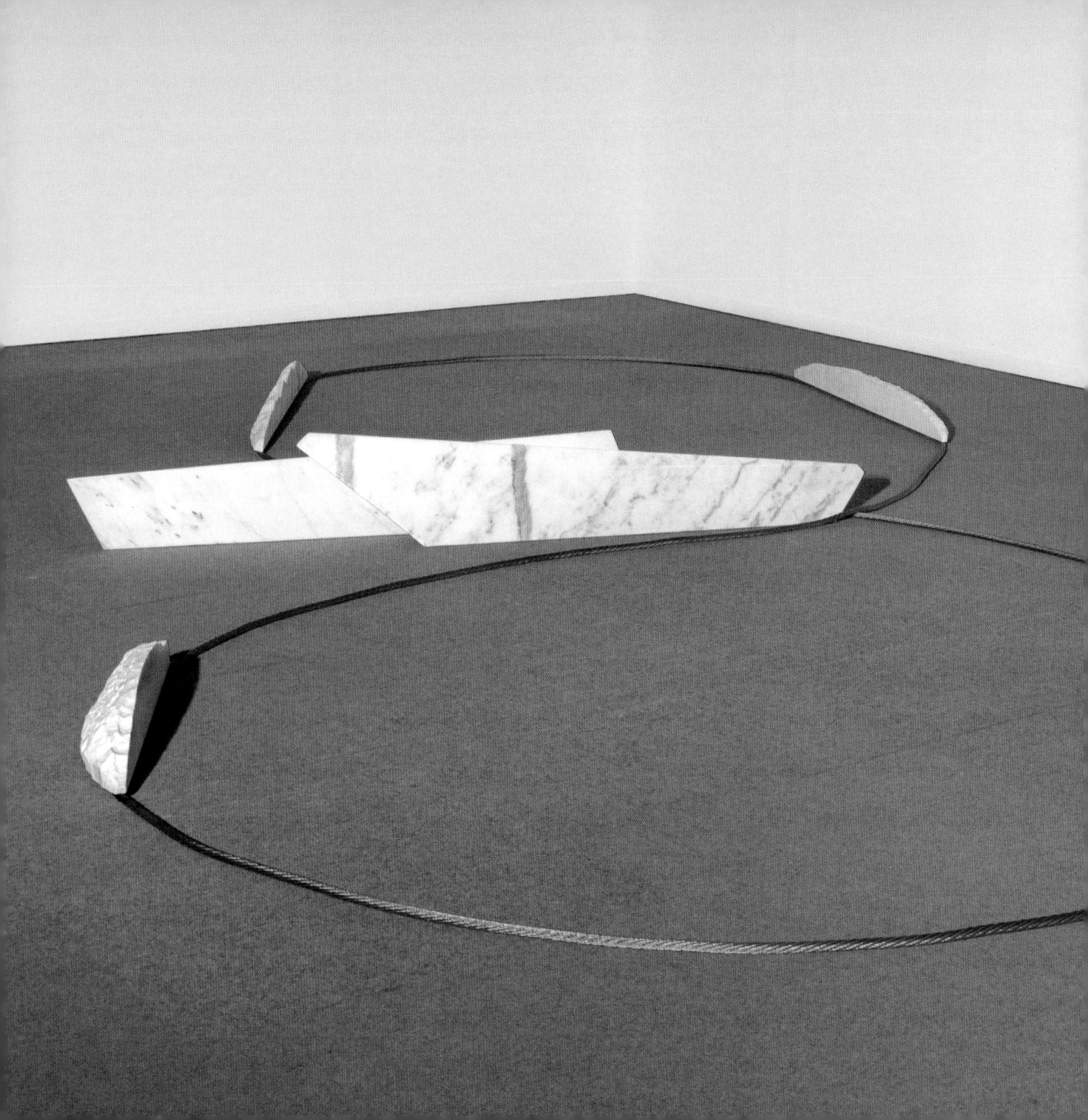

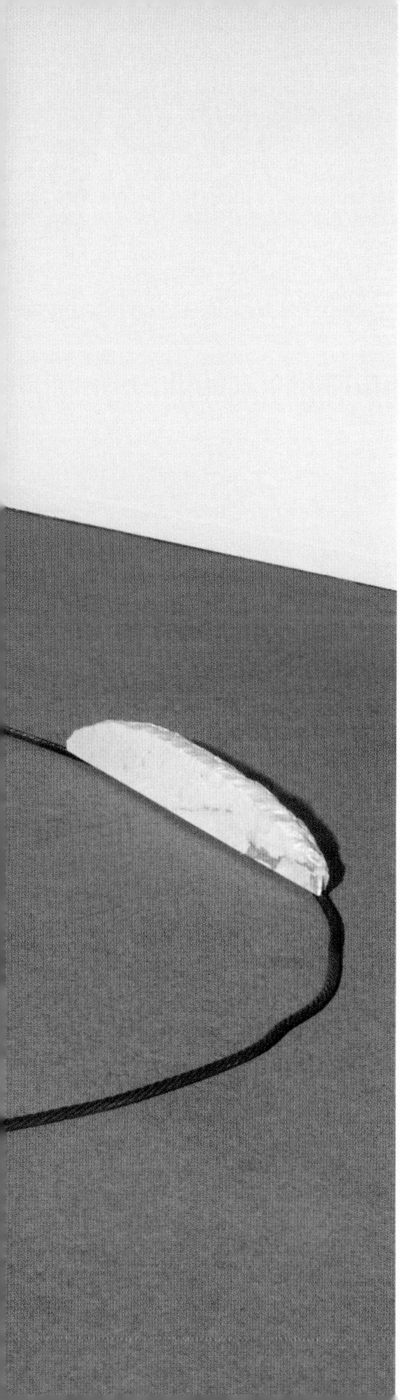

et poétique nous permet peut-être de les rattacher à ce « vent préhistorique » qui souffle chez Mario Merz et Pino Pascali, dont on verra qu'ils cherchent aussi des références dans une nature lointaine et perdue. Cette élégance sur le fil du rasoir, à deux pas de l'outrance, évoquera, au sens commun du touriste que nous partageons tous, une « *sprezzatura* » spécifiquement italienne ; Fabro ne le dément pas, expliquant ce « naturel » par le fait que l'Italie n'a pas réellement d'histoire sociale et politique, mais seulement une *histoire de l'art* qui constitue toute sa culture. La silhouette du pays[3] – dont il n'est pas indifférent qu'elle affecte aussi, comme on le sait, la forme d'une botte ou d'un pied – revient dans d'innombrables œuvres de Fabro comme un motif, un signe, une marque de fabrique, c'est-à-dire un *blason*. S'il fallait donner à l'œuvre de Fabro en général un dénominateur commun, il faudrait probablement la dire « en suspens », pour prendre une expression que l'on retrouvera chez Mario Merz. La plupart de ses installations sont *littéralement* suspendues : les manches de soie des *Piedi*, la gigantesque toile d'araignée de *La dialettica* [La Dialectique] présentée en 1985 dans la grande halle de la Villette à Paris ; les *Attaccapanni* [Portemanteaux] (1976), *Euclide* (1984) au Musée d'art moderne de la Ville de Paris... Celles qui ne le sont pas évoquent souvent une lévitation, comme le très étonnant *Spirato* [Esprit] (1968-1973) ou la boucle d'*Infinito* [L'Infini] (1989). Cette pièce est emblématique du regard décalé qui est celui de Fabro : la désignation ou l'évocation de l'infini est une ambition classique des artistes, elle est le propos de l'invention de la perspective ; dans l'espace de la modernité, l'infini est souvent manifesté par *défaut*, au travers de la mise en valeur d'un détail ou d'un fragment qui suggère une totalité immense. Fabro choisit plutôt de donner une forme plastique au signe mathématique de l'infini, qu'il représente comme un fantôme ou une ruine flottante...

Luciano Fabro
***Infinito* [L'Infini], 1989**

Acier, marbre, 43 × 531 × 695 cm
Centre Pompidou, Musée national d'art moderne
Achat, 1990
AM 1990-250

Jannis Kounellis

Même s'il convient de manier avec prudence les coïncidences biographiques, on ne peut s'empêcher de rapprocher la situation de Kounellis, né en Grèce et vivant à Rome, de celles de Giorgio De Chirico et de son frère Alberto Savinio. Comme eux, Kounellis est en effet à la fois peintre et écrivain à part entière, et certains éléments très particuliers de ce qu'on pourrait appeler un « vocabulaire plastique » leur sont communs : fragments empruntés à la statuaire greco-romaine, cheminées d'usine et même, dans une œuvre de Kounellis de 1977, trains qui passent[1]. Il n'est cependant pas un artiste de la nostalgie : « Je suis contre l'esthétique de la catastrophe ; je suis partisan du bonheur. Je cherche le monde dont nos pères du XIXe, vigoureux et arrogants, nous ont laissé des exemples de forme et de contenu révolutionnaires [...]. J'aime le personnage d'Ophélie tel que le décrit Shakespeare et j'honore les morts en pensant, à propos de moi, que je suis un artiste moderne[2]. »

À moins que son projet ne soit justement de mettre en œuvre le paradoxe d'une nostalgie productive. Ses œuvres, que l'on considère habituellement comme fondatrices – après les séries de peintures de chiffres et de lettres qu'il pratique de 1959 à 1963 –, pourraient être lues comme une variation des readymades de Marcel Duchamp : un perroquet vivant perché sur une toile (à la galerie L'Attico en 1967), douze chevaux attachés aux murs d'une galerie comme dans une écurie (L'Attico en 1969)...

Mais dans l'un et l'autre cas, le *choc visuel* est bien plus important que le geste iconoclaste. « Voir des chevaux dans un tel endroit, écrit Luc Lang, c'est susciter la mémoire de toute l'iconographie du cheval et pour le moins de la vaisselle étrusque jusqu'à Kandinsky[3]. » Au lieu que Duchamp cherche avec le porte-bouteilles l'objet le plus obscur, simple élément d'une combinatoire quasi mathématique, Kounellis emploie des readymades chargés de mémoire picturale comme le perroquet, cet animal tellement singulier qu'on a le sentiment que, naturel, il est *déjà peint*. Si l'on dresse, de manière un peu absurde, la liste des éléments utilisés par Kounellis dans ses dispositifs depuis la fin des années 1960 (plomb, or, acier/charbon, laine, café, farine/viande, feu, fumée, cire/animaux, végétaux, cheveux), on se rend compte aisément qu'ils sont tous chargés d'un poids *moral* considérable par leur rôle présent ou passé dans l'histoire des hommes. L'idée de mesure semble d'ailleurs guider les installations de Kounellis. Les éléments ne sont pas présentés bruts, mais répartis en unités minimales : pesons de café (sans titre, 1969), sacs de charbon, écheveaux de laine (sans titre, 1968). Il s'agirait en somme de stoppages-étalon

Jannis Kounellis
Sans titre *(Notte)*
[Nuit], 1965

Huile sur toile non enduite, agrafée sur châssis, 120 × 180 cm
Centre Pompidou, Musée national d'art moderne
Achat, 1997
AM 1997-56

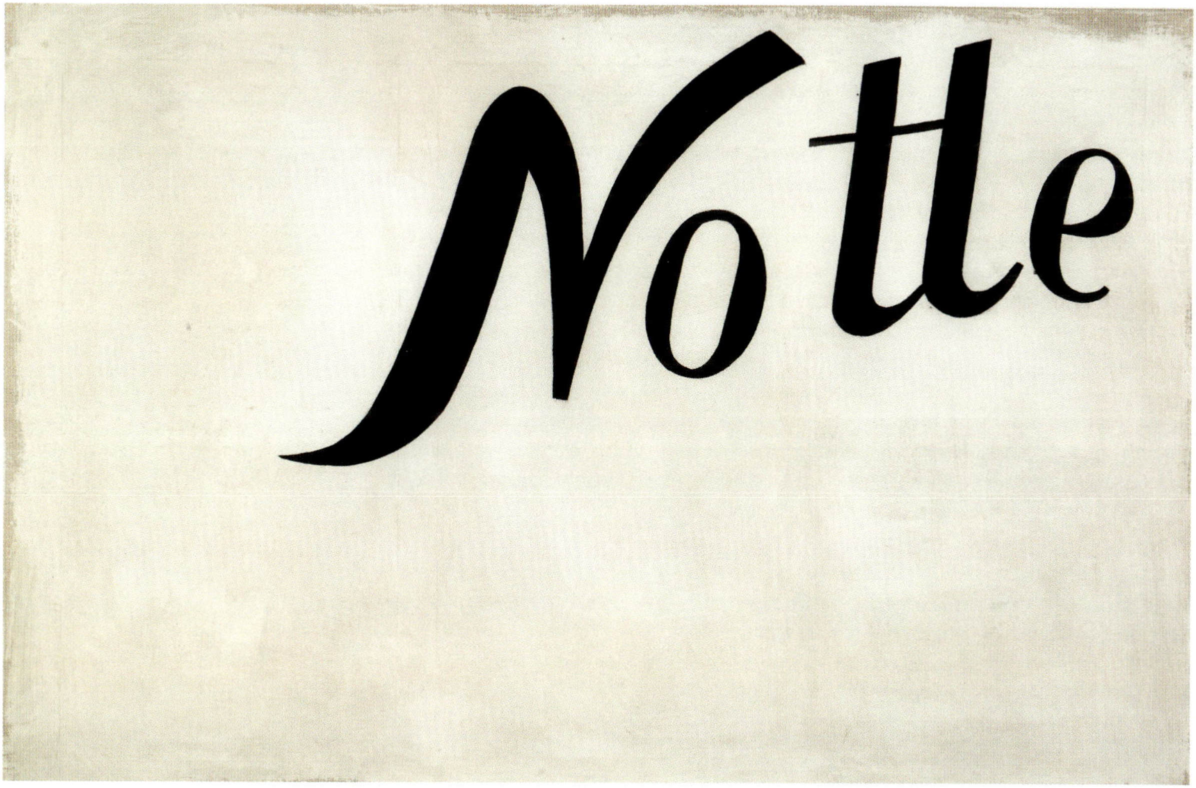
Notte

mélancoliques[4], imprégnés de l'idée de vie et de mort : « La mort, moment d'équilibre entre passé et futur, donne la mesure de toutes choses[5]. » Le culte du souvenir est éminemment présent dans l'œuvre de Kounellis sous la forme des flammes, souvent alimentées par des bouteilles de gaz et parfois associées à des fleurs d'acier. Kounellis agit comme un peintre qui utiliserait la combinaison des éléments réels plutôt que leur reproduction – la charge symbolique dont ils sont porteurs les mettant déjà « en représentation » – ou comme un décorateur de théâtre dont la puissance évocatrice rendrait inutile qu'une pièce fût jouée dans son dispositif (peu avant ses expositions à L'Attico à Rome, Kounellis a travaillé à des projets de théâtre dont une *Vie d'Artaud*, et à plusieurs écritures scéniques depuis). Tous les sens sont mobilisés par cette manière de faire : le hurlement feutré des brûleurs à gaz renforce le choc provoqué par les flammes qu'ils alimentent; le plomb qui obture les fenêtres provoque un malaise physique dont on ne sait s'il est dû à la réelle dangerosité du matériau ou à la mélancolie dont il est le symbole, et les visiteurs de L'Attico ont pu se dire que les écuries d'Augias devaient aussi *puer*.

Le siècle, en art, s'est construit autour des deux figures antagonistes de Marcel Duchamp et de Giorgio De Chirico. Il est hors de doute que, par notamment l'impact des œuvres de Fontana et de Manzoni, Kounellis doit beaucoup au premier : becs de gaz, portemanteaux et instruments de mesure – toute l'iconographie duchampienne – font écho à ces éléments de vocabulaire plastique apparentés à la peinture métaphysique cités plus haut. Mais c'est surtout cet étrange malaise ressenti aux parages des œuvres qui apparente Kounellis à De Chirico. On pourrait dire, pour céder à la tentation simplificatrice, qu'il donne un souffle épique au readymade.

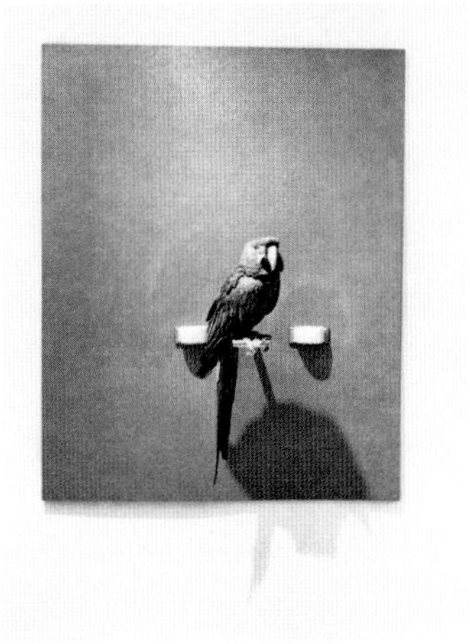

Jannis Kounellis, *Pappagallo* [Perroquet], 1967

Perroquet vivant présenté sur un perchoir vissé à un panneau rectangulaire en acier, lors d'une exposition à la galerie L'Attico, Rome, novembre 1967

Jannis Kounellis
Sans titre, 1979

Charbon, papier, flèches et oiseaux empaillés, 360 × 500 cm
Tate, Londres
Purchased 1983

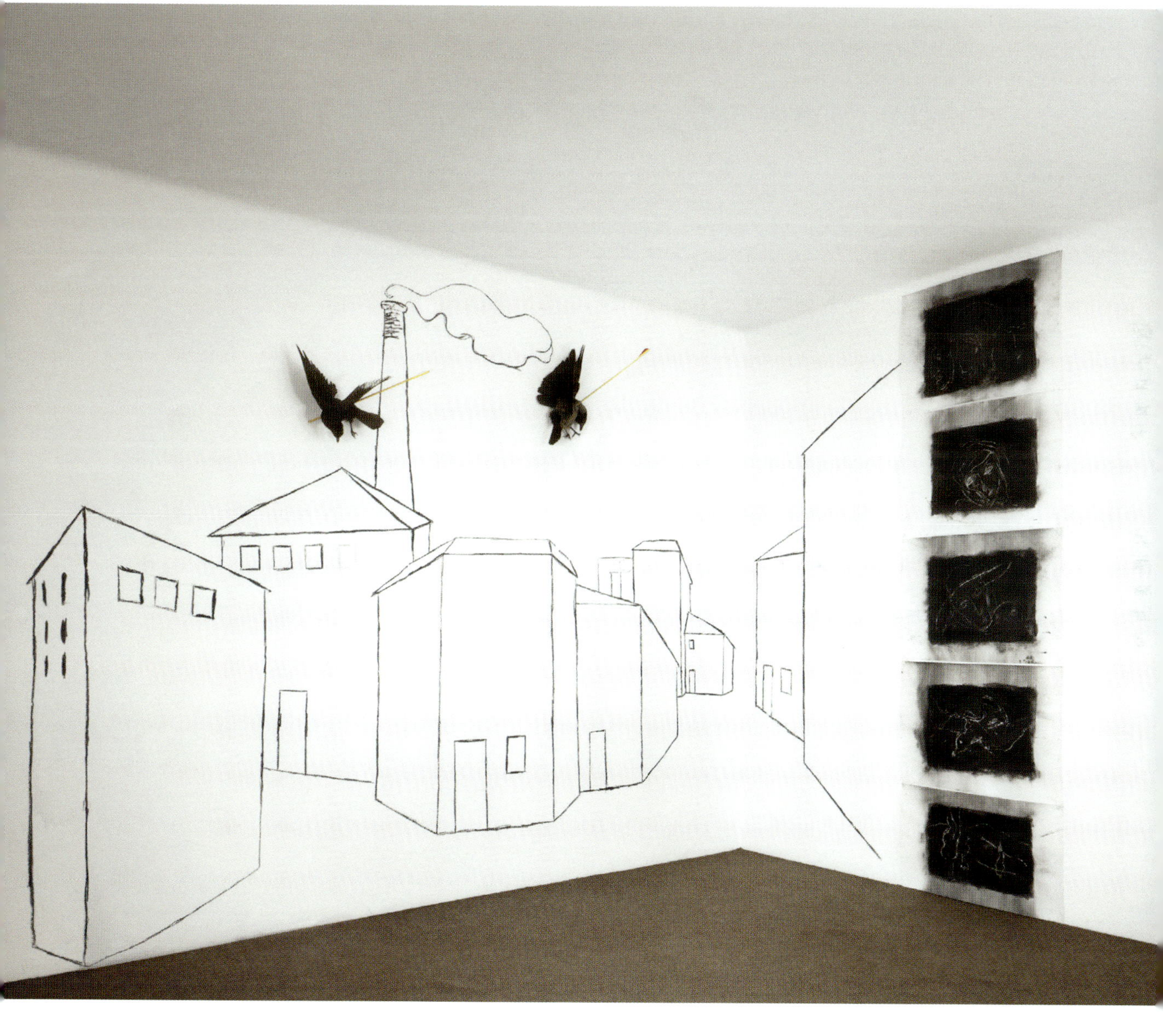

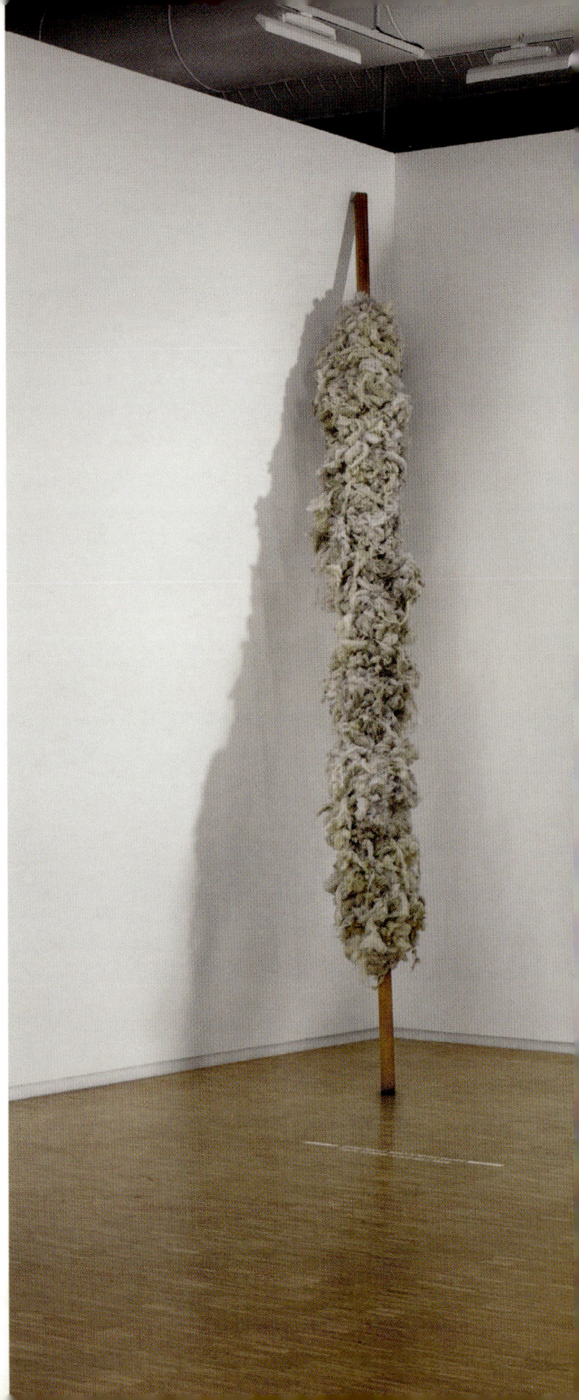

Jannis Kounellis
Sans titre, 1968

Laine brute fixée avec des cordes
sur 4 bâtons en bois, 515 × 700 × 75 cm
Centre Pompidou, Musée national
d'art moderne
Achat, 1983
AM 1983-453

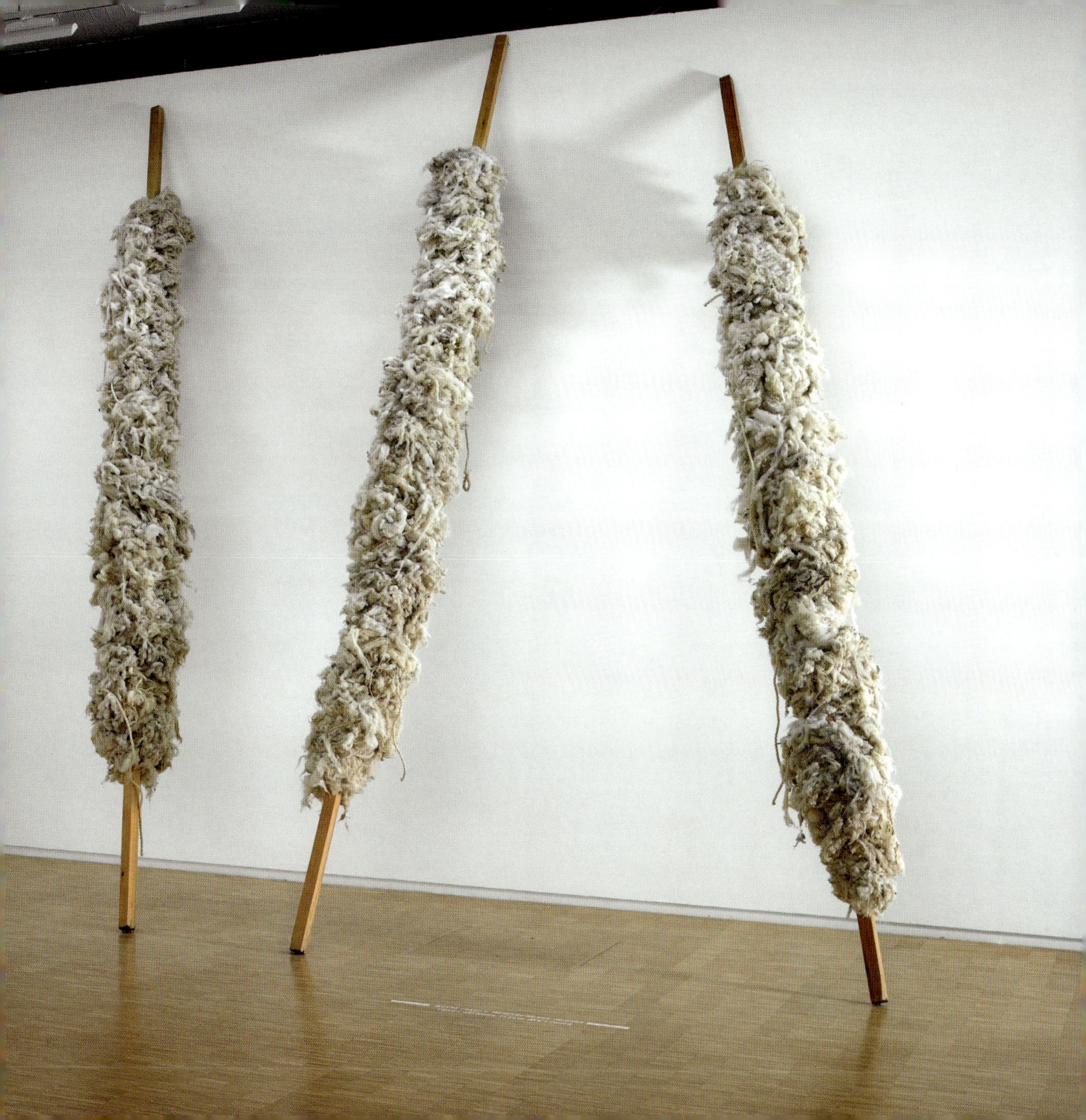

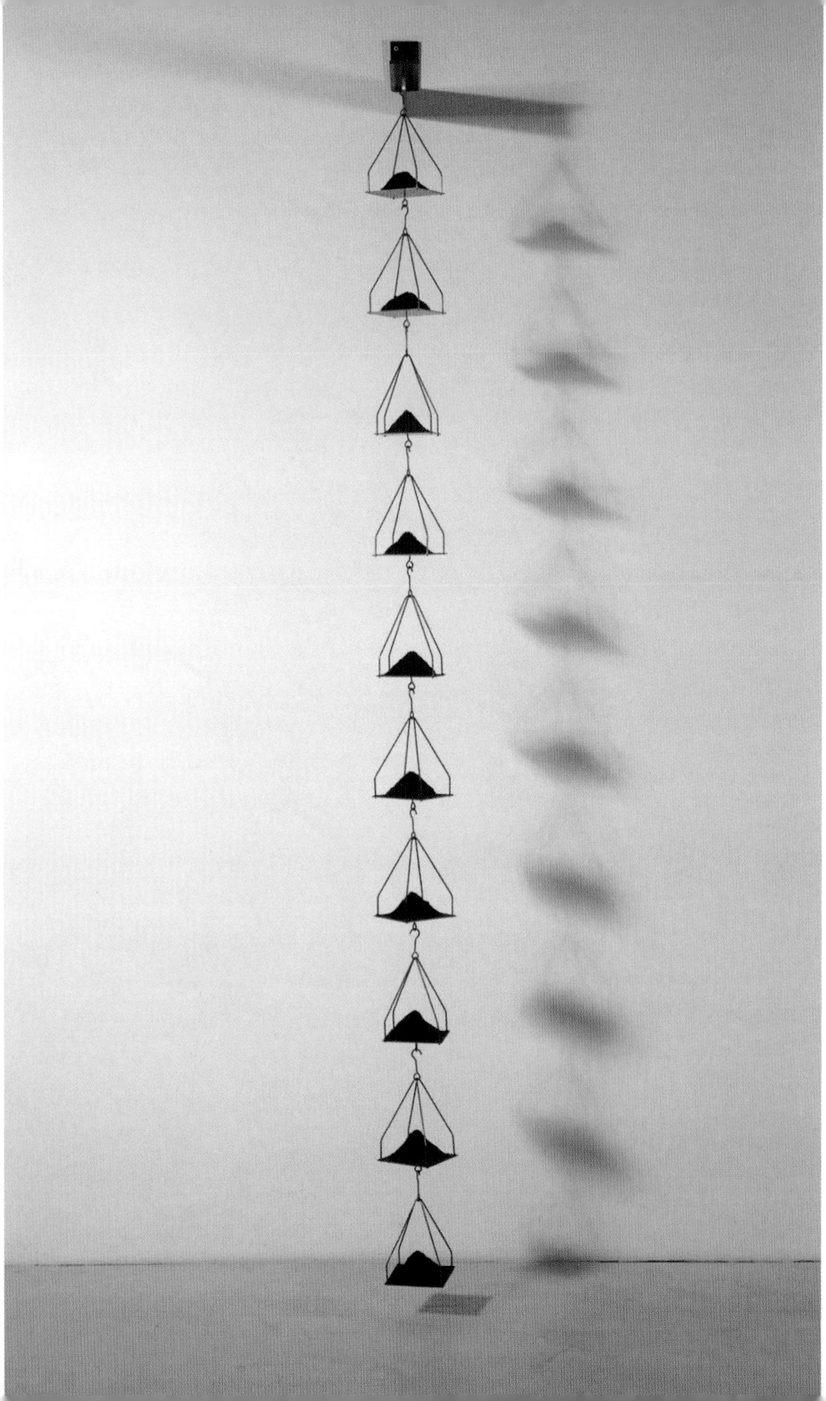

Jannis Kounellis
Sans titre, 1969

Acier, café moulu, 253 × 12 × 37 cm
Exemplaire 2/2
Centre Pompidou, Musée national d'art moderne
Achat, 1985
AM 1985-178

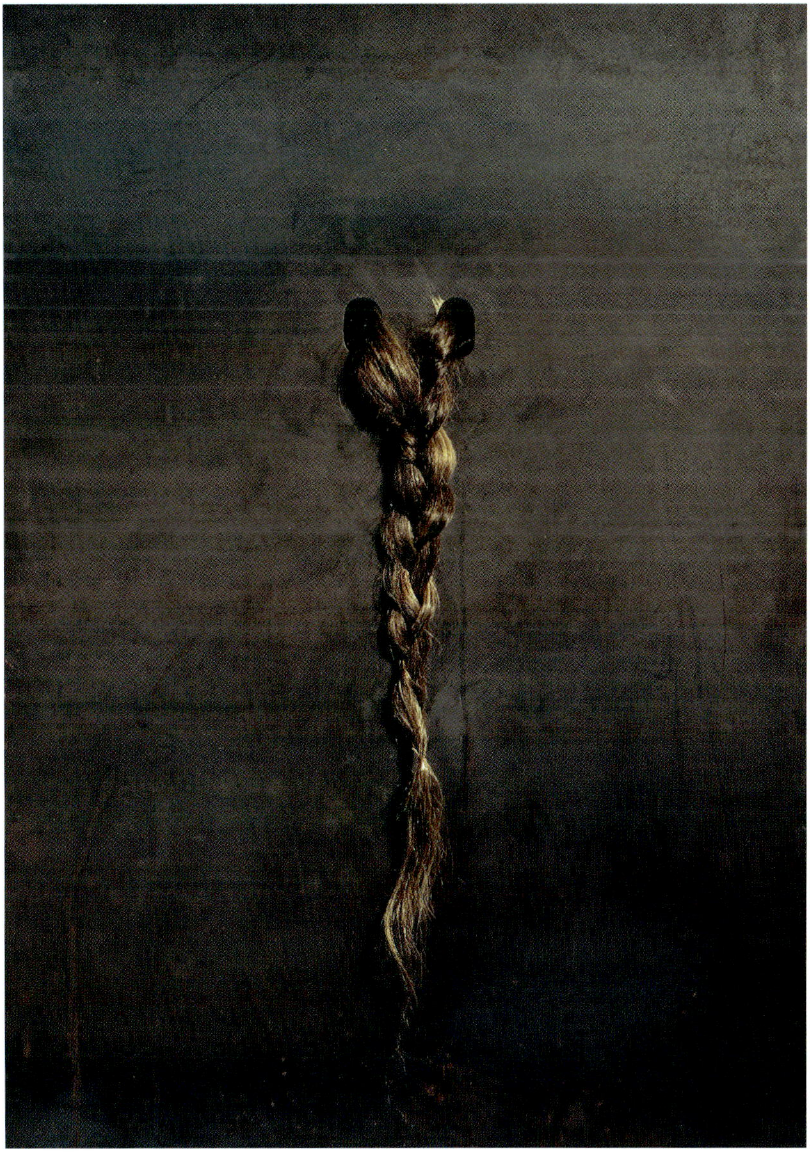

Jannis Kounellis
Sans titre, 1969

Acier, cheveux, 100,5 × 70,5 × 5 cm
Centre Pompidou, Musée national d'art moderne
Achat, 1981
AM 1981-1

Mario Merz

Bien qu'il n'ait pas fait partie de l'exposition inaugurale de Gênes (son nom rejoint celui des autres protagonistes fin 1967, à Turin), et qu'il soit le premier à dénoncer l'Arte Povera comme une fiction de la critique, Mario Merz en apparaît parfois comme l'élément dominant ou le pivot. La démesure et l'extraordinaire fécondité de cette figure léonine y sont sans doute pour quelque chose, de même que l'aura de légende qui entoure sa biographie et qui en fait l'équivalent latin de Joseph Beuys, ou l'héritier conjugué de Léonard et du Caravage. À l'inverse de ce que l'on constate chez nombre d'artistes du mouvement, son art s'enracine profondément dans le dessin et la peinture, qu'il n'a jamais totalement délaissés même s'il ressent de façon aiguë leur inaptitude à être aujourd'hui l'*essentiel*. Le récit des origines mythiques de son travail par Marlis Grüterich semble emprunté à quelque Pline moderne : « Il a commencé à dessiner son propre portrait en forme de spirale en s'inspirant d'une barbe frisée qu'il avait vue croître sur le visage d'un compagnon de cellule, au cours d'un emprisonnement politique. Ces boucles lui suggéraient les formes naturelles d'une croissance organique et physique. En sortant de prison, il jugea que l'art pouvait rendre compte de cette croissance dont aucun cachot n'était venu à bout[1]. » De ces débuts rien ou presque ne subsiste, mais il est vrai que l'idée d'un processus organique incontrôlable est le principe moteur de ses œuvres : *principe* et non *sujet*, puisque Merz définit lui-même son activité comme un au-delà de l'iconographie :

« Il ne s'agit pas de créer des iconographies neuves, l'intention est de libérer le sentiment de l'art, de le proposer comme une sonde entre des réalités diverses voire opposées, au lieu de l'enclore, de le river aux supports traditionnels, le faisant renoncer à servir de valeur de liaison avec des iconographies ou de liaison entre des iconographies[2]. » Mario Merz va donc s'attacher à produire des symboles étroitement imbriqués à la réalité de ce qu'ils désignent, en déplaçant le programme iconographique classique : imiter la Nature non plus seulement dans ses effets, son spectacle, mais dans ses processus les plus fondamentaux. Cette idée d'un système de représentation à la fois abstrait et pris dans l'engrenage du monde va l'amener à découvrir, vers 1968, un très ancien système de numération connu sous le nom de *Suite de Fibonacci*, qui va devenir comme la colonne vertébrale de son œuvre et sur lequel il convient de s'attarder un peu. Publié en 1202, ce système repose sur l'idée simple d'une progression de chiffres où chaque élément absorbe celui qui le précède pour constituer le suivant. Partant du

Mario Merz
***Crocodilus Fibonacci*, 1972 (détail)**

Crocodile naturalisé, 15 chiffres de néon, transformateur
Centre Pompidou, Musée national d'art moderne
Achat, 1979
AM 1978-745

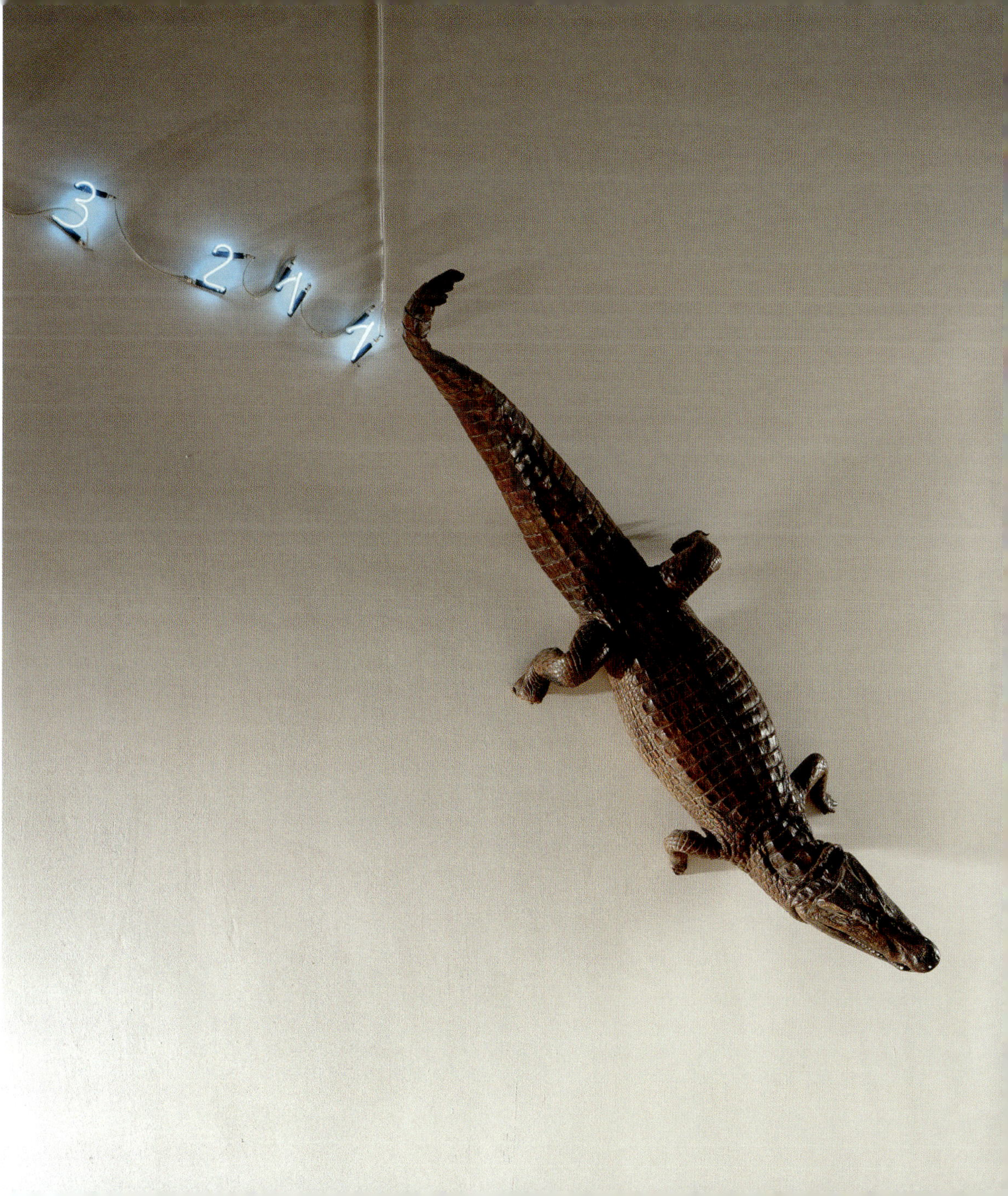
3 2 1 1

1, qui ne peut s'additionner qu'au zéro précédent, on obtient un second 1. Ajoutés ils forment 2, 3 étant ensuite la somme de 1 + 2, etc. Transcrite, la suite de Fibonacci se lit : 0, 1, 1, 2, 3, 5, 8, 13, 21, 34, 55... et ainsi de suite à l'infini en une vertigineuse progression.

« C'est, explique Mario Merz, la prolifération des nombres. Les nombres se reproduisent eux-mêmes comme les hommes, les abeilles ou les lapins. S'ils ne se reproduisaient pas, ils cesseraient d'exister. La série, c'est la vie. Les nombres 1, 2, 3, 4, 5, 6, 7, 8 et 9 *sont une énumération d'éléments morts*. Alors que la série est une mathématique en expansion, c'est-à-dire une mathématique vivante. [...] *La raison de mon intérêt pour la suite Fibonacci tient à ce que les nombres, invention abstraite de l'homme, deviennent concrets dès qu'il s'agit de compter des objets*[3]. » Merz va mettre en œuvre ce modèle mathématique de multiples manières. Il peut commenter l'architecture : il sera ainsi associé à la grande spirale ascendante du Guggenheim à New York (1989) ; faire souffler au musée un « vent préhistorique » lorsqu'il s'adjoint la figure monstrueuse du crocodile (*Crocodilus Fibonacci*, 1972) ou du dragon (*Omaggio a Arcimboldo* [Hommage à Arcimboldo], 1987) ; décrire le chaos de la société industrielle en numérotant ces piles de quotidiens invendus que les kiosques à journaux retournent tous les jours aux éditeurs (*Le retour des journaux, le jour après, quand personne n'est plus intéressé à les lire*, 1970-1976)...

Pour les artistes de la Renaissance – auxquels Mario Merz, à la fois peintre, poète et architecte s'identifie à l'évidence – la science fournissait l'image d'un univers régulier dont l'homme était le centre, et l'harmonie du Nombre d'or était encore la référence au début de ce siècle pour Le Corbusier. Avec le principe de Fibonacci exploité par Merz, cette géométrie policée vole en éclats : l'homme est renvoyé *par son propre savoir* à la crudité du monde animal et de sa vérité biologique. Il n'y a plus de valeur fixe, mais une réalité ambivalente selon l'angle de vue. La croissance exponentielle peut être regardée de manière positive comme un vecteur de vie, ou au contraire comme génératrice d'une accumulation désastreuse et incontrôlable.

La série de Fibonacci traverse donc l'œuvre de Merz comme un fil rouge très explicite. Mais cette approche mathématique, philosophique, n'est au fond que le prolongement logique d'une démarche à l'origine *politique*, par laquelle le Mario Merz admirateur de la Renaissance se rattache précisément au climat général des années 1960 en Europe et aux États-Unis. Son originalité dans ce contexte tient à ce qu'il porte très vite un regard d'artiste sur les débats de son époque, très en amont des querelles interminables qu'on se livre alors sur l'articulation de l'esthétique et du social. C'est en pleine guerre du Vietnam qu'il montre, lors de sa première exposition à la galerie Sonnabend

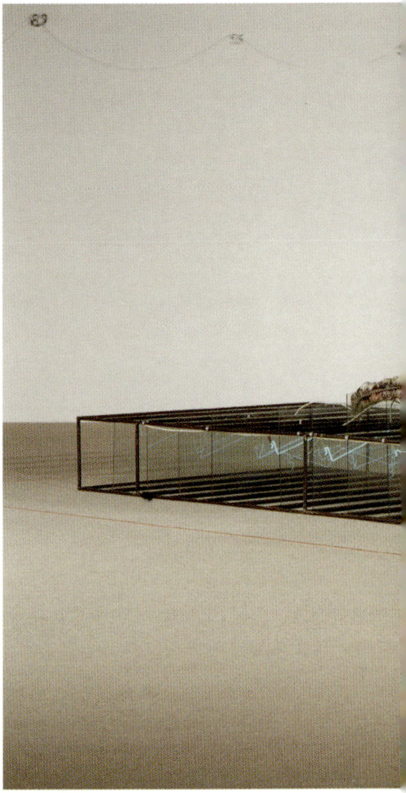

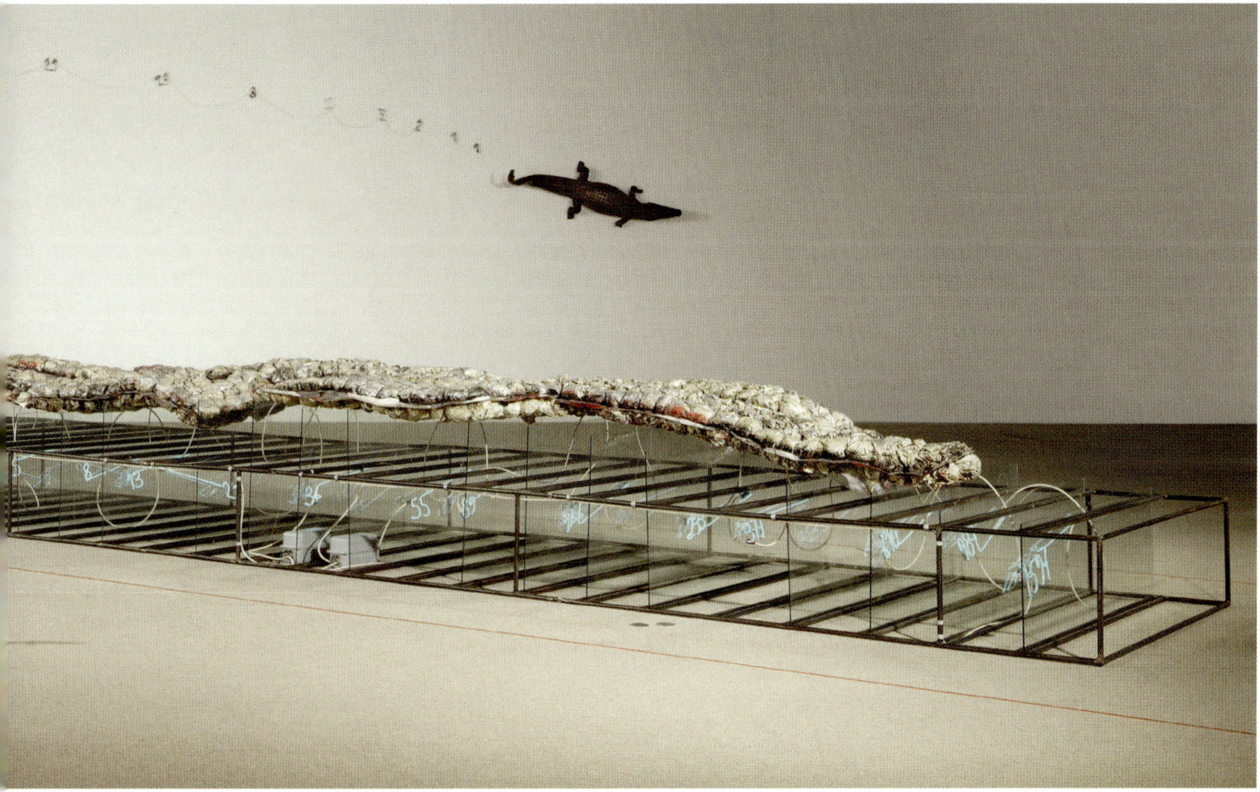

Mario Merz
***Crocodilus Fibonacci*, 1972**
Crocodile naturalisé, 15 chiffres de néon, transformateur
Centre Pompidou, Musée national d'art moderne
Achat, 1979
AM 1978-745

Mario Merz
Omaggio a Arcimboldo
[Hommage à Arcimboldo], 1987
Fer, verre, néon, papier journal, paraffine, peinture glycérophtalique, 100 × 800 × 172 cm
Centre Pompidou, Musée national d'art moderne
Achat, 1988
AM 1988-1178

à New York en 1969, cette construction singulière connue dès lors sous le nom d'*Igloo di Giap* [Igloo de Giap] : sur un treillage en demi-sphère sont fixés des modules de terre glaise (en fait, des « poignées » de terre dont la dimension est proportionnée à la main de l'artiste[4]) qui construisent comme un igloo ou un abri de berger en pierre sèche. À la surface de ce monticule improvisé, on peut lire en lettres de néon une phrase empruntée au général Giap, le fameux chef de guerre vietcong : SE IL NEMICO SI CONCENTRA PERDE TERRENO, SE SI DISPERDE PERDE FORZA. GIAP. Soit : « Si l'ennemi se concentre il perd du terrain, s'il se disperse il perd sa force. Giap. »

« C'est le O bouddhiste qui se manifeste là. » La phrase – le slogan politique – est tirée de son contexte vers une portée beaucoup plus générale. Il faut rapprocher l'*Igloo di Giap* des innombrables pièces où Mario Merz fait figurer le titre du livre de Lénine *Che fare ?* [Que faire ?], en sorte qu'il dépasse largement les préoccupations d'origine – l'organisation du parti communiste ! – pour devenir un questionnement shakespearien... *Che fare ?* peut être immédiatement relié à l'impasse définie par la phrase de Giap : si en effet chaque élément d'une alternative comporte autant d'avantages que d'inconvénients, que l'on perd en force ce que l'on gagne en terrain, comment choisir et, pour le coup, que faire ? Dans un champ de références occidental, cette maxime militaire correspond au schéma de la « double contrainte », ou *Double Bind*, où le psychologue américain Gregory Bateson voit une redoutable figure de l'éducation. Elle s'exprime commodément par l'image d'un tuteur donnant à sa progéniture cet ordre impossible : « désobéissez-moi ! » – auquel il n'y a pas de réponse logique et satisfaisante, et qui peut conduire à la folie... L'*Igloo di Giap* donne à la fois une forme de ce piège logique et une issue pour y échapper : la construction d'un refuge symbolique, d'« une construction pour s'abriter ». L'art serait ainsi la juste réponse aux ordres impossibles que nous donne continuellement le monde, une réponse suspendue. Mario Merz définit à de nombreuses reprises ses igloos comme des objets « en suspens », au contraire de l'impression de stabilité qu'on pourrait attendre de cette forme trapue. La grande force de Merz est ainsi de s'être constitué un vocabulaire d'archétypes très forts, d'ordre aussi bien formel (l'igloo, la spirale) que logique (la suite de Fibonacci, la double contrainte) et de les manier dans une syntaxe d'une extraordinaire liberté. En témoigne sa fidélité à la peinture, abandonnée en 1966 puis retrouvée dans un contexte fortement guetté par l'académisme de l'objet et du matériau brut. Pour Merz, l'art ne doit s'interdire ni d'échapper à la peinture ni d'y revenir, à condition de lui insuffler la force qui fut primitivement la sienne et de l'ancrer presque physiquement dans son sujet. La quasi-totalité de ses toiles – tout de même

Mario Merz
***Che fare ?* [Que faire ?], 1969**

Pâte à modeler collée sur reproduction photomécanique, 68,6 × 77 cm
Centre Pompidou, Musée national d'art moderne
Don de M. Juan Alvarez de Toledo, 1987
AM 1987-944

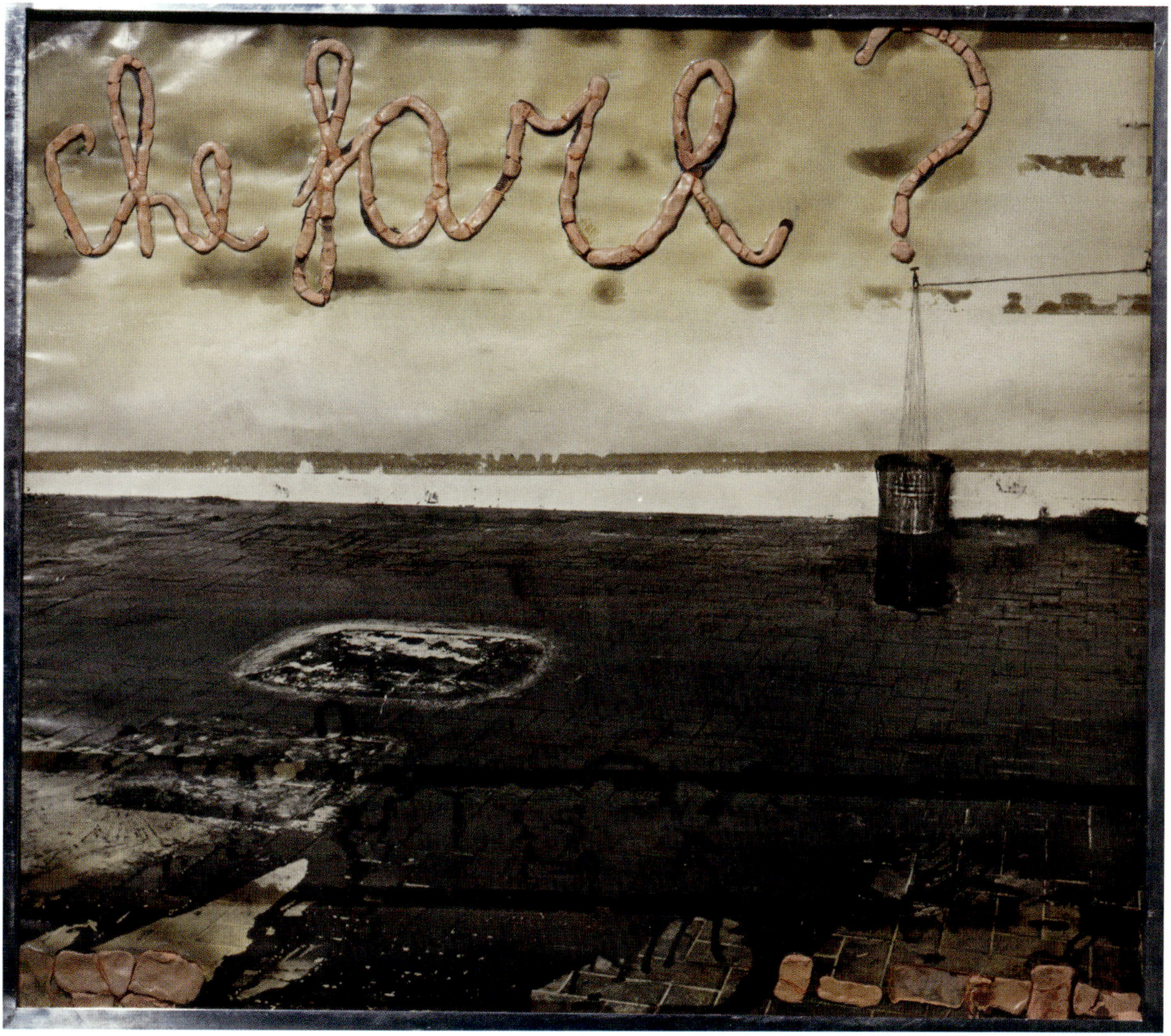
che fare?

émancipées du châssis traditionnel – prend appui sur un motif où l'on peut lire à l'*état naturel* la structure modulaire et les spirales dont le reste de son œuvre développe le procédé. Dans *Girasole* [Tournesol] en 1960, les pétales et les graines d'un tournesol esquissent une forme qui n'est pas si éloignée de l'igloo. Ailleurs, les anneaux du bambou, les écailles du reptile, la coquille de l'escargot maintiennent la représentation dans un rapport de complicité étroite avec son sujet et la préservent de l'abstraction, perçue comme une déperdition de sentiment.

« Il s'agit avec Mario Merz non seulement de rendre visible l'invisible (Klee) mais aussi de rendre apparent le visible dans sa propre nature[5]. »

Mario Merz
***Igloo di Giap* [Igloo de Giap], 1968**

Cage de fer, sacs en plastique remplis d'argile, néon, batteries, accumulateurs, H. : 120 cm ; diam. : 200 cm
Centre Pompidou, Musée national d'art moderne
Achat, 1982
AM 1982-334

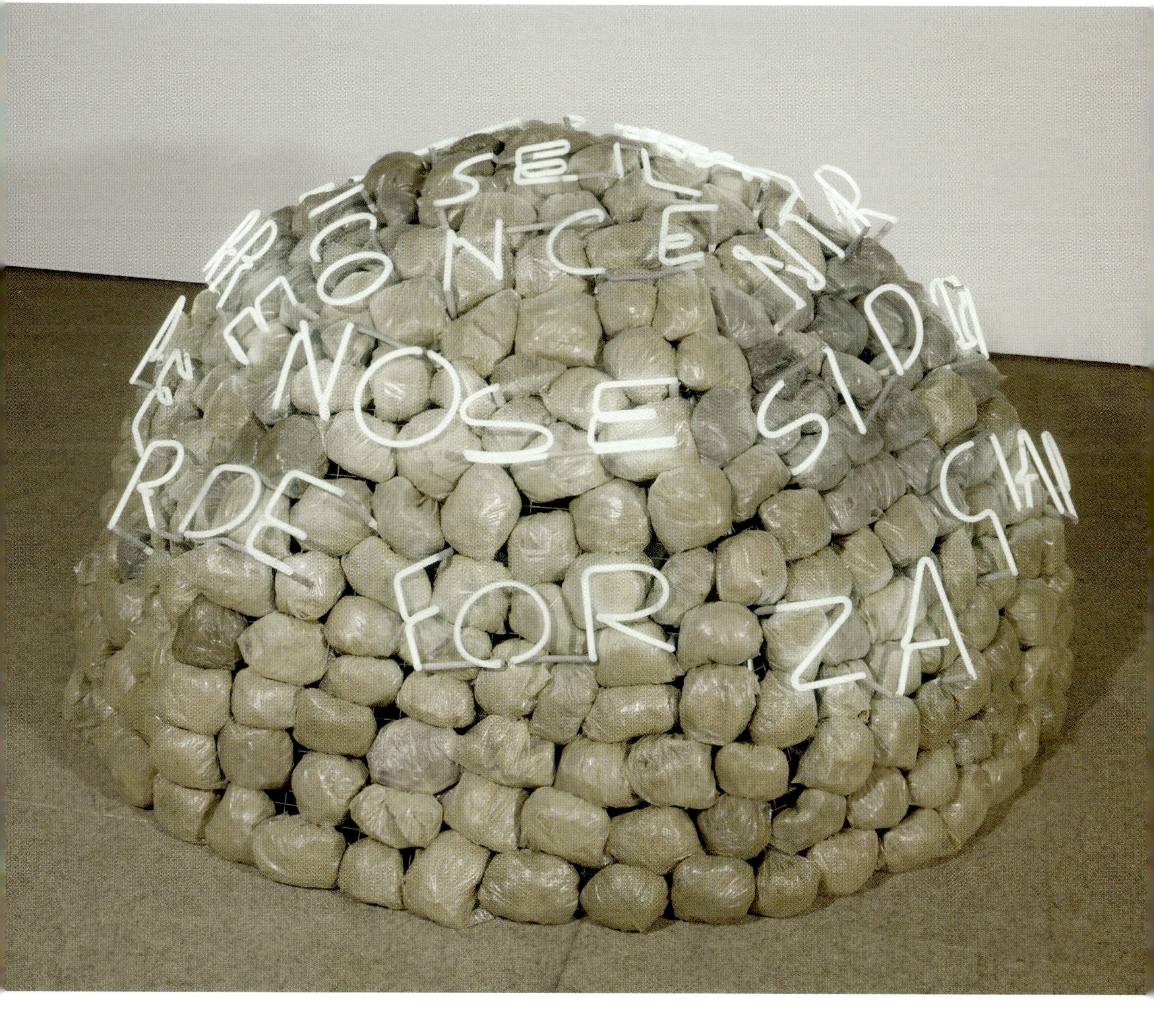
SE IL
NOSE SID
RDE FORZA

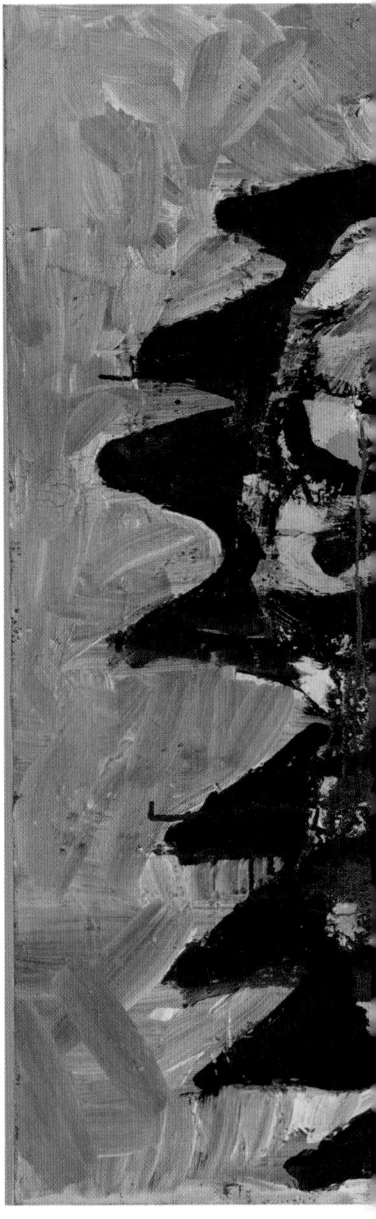

Mario Merz
***Girasole* [Tournesol], 1960**

Recto-verso
Tempera sur toile, 85 × 120 cm
Centre Pompidou, Musée national
d'art moderne
Don de Liliane et Michel Durand-Dessert, 1991
AM 1991-90

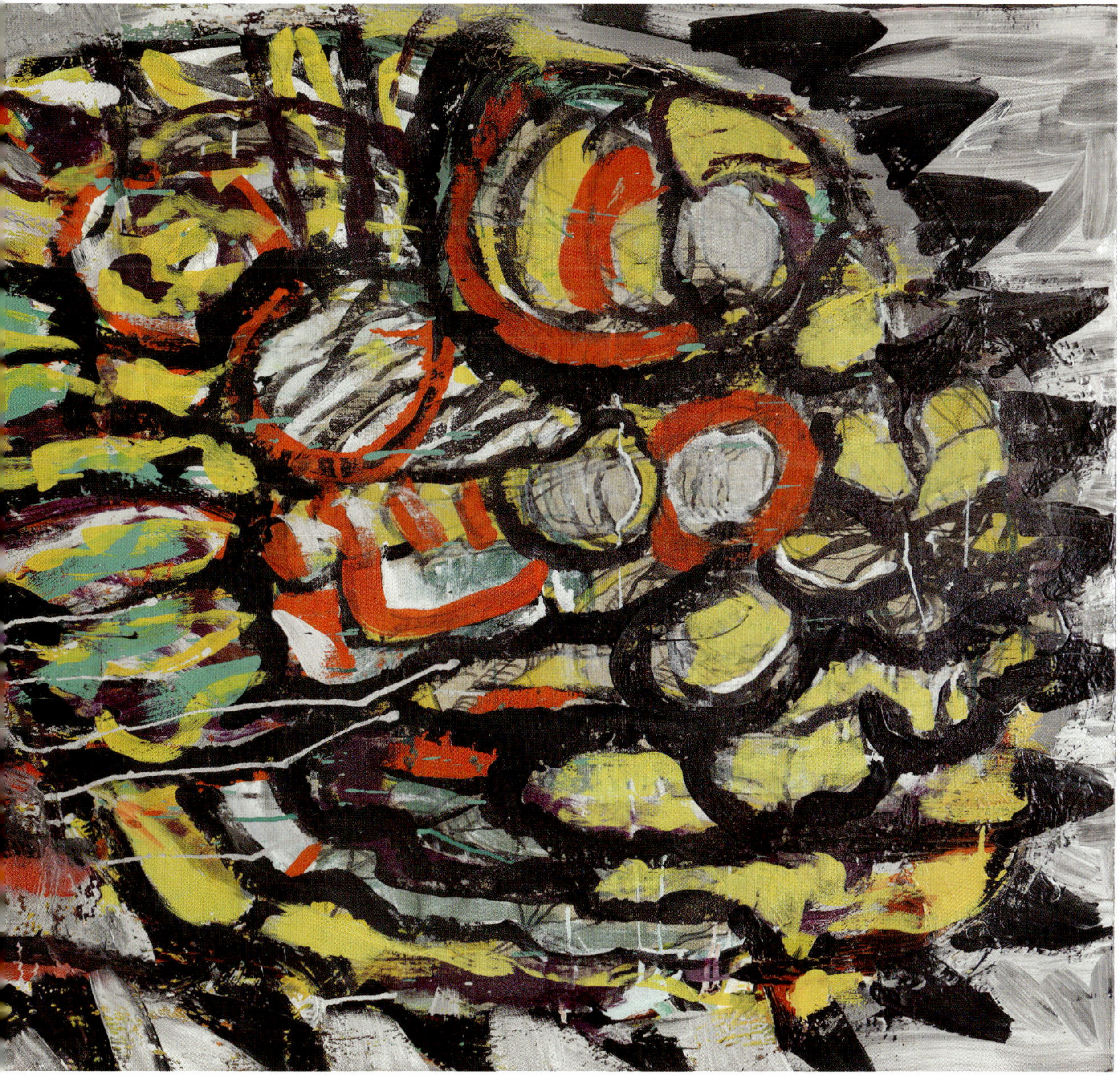

Marisa Merz

Seule représentante féminine du courant de l'Arte Povera, et bien qu'ayant sans doute joué un rôle important dans sa constitution, elle a beaucoup moins exposé que les autres artistes. Une sensibilité que l'on pourrait dire rapidement « féministe » – c'est-à-dire attachée à la réhabilitation dans le champ artistique de gestes et de techniques dont les femmes, cantonnées dans l'espace domestique, ont conservé le savoir – croise dans son œuvre le goût pour les matériaux symboliques que l'on retrouve chez Anselmo, Zorio ou Mario Merz. Si les premières œuvres exposées à la galerie Sperone en 1967 (des feuilles d'aluminium accrochées au plafond) évoquent l'atmosphère du Pop Art, elle va très vite se constituer un vocabulaire spécifique dont un des éléments permanents et caractéristiques est certainement le fil de cuivre ; dans un texte paru en revue[1], sous la signature du « Philosophe », sont décrites les qualités de ce matériau doublement *conducteur* : « D'où vient le cuivre ? [...] Avant tout le cuivre vient de la terre et respecte la terre parce qu'il en est le produit. [...] Le cuivre étiré en fils, c'est de la matière filée, le devenir du cuivre dans le temps. Le fil de cuivre, c'est l'état du cuivre dans le temps de l'histoire. [...] Une toile d'araignée sur la dure réalité quotidienne de l'humanité[2]. » On va retrouver, dans les différentes présentations de son travail, le fil de cuivre, parfois déroulé, le plus souvent *tissé*, associé à des éléments divers comme le sel, la cire ou des aiguilles à tricoter – tous liés cependant à ces travaux domestiques dont la société des hommes a délégué la gestion aux femmes. De petits quadrilatères de cuivre tressé, comme des cottes de mailles à usage pacifique, sont devenus chez elle l'emblème d'un croisement paradoxal (le mot précis serait un métissage) entre une technique assimilée à un ouvrage de dame et un matériau clé (depuis ses origines et aujourd'hui encore) de l'émancipation industrielle. Cette approche féministe est cependant partielle et peut-être réductrice : elle est une des voies d'accès à une pratique de confrontations allégoriques entre des techniques et des matériaux destinés à s'ignorer dans le registre de l'efficace et de l'utile ; le fil de cuivre tissé de Marisa Merz trouverait son équivalent dans la laine d'acier tressée par Pino Pascali. Moins bien diffusée que d'autres, l'œuvre de Marisa Merz éclaire tout de même de manière exemplaire une attitude vis-à-vis de la réalité qui est une des conditions d'émergence de l'Arte Povera.

Vue d'une exposition monographique de Marisa Merz montrant des œuvres des années 1960 et 1970, Fondazione Merz, Turin, 2012

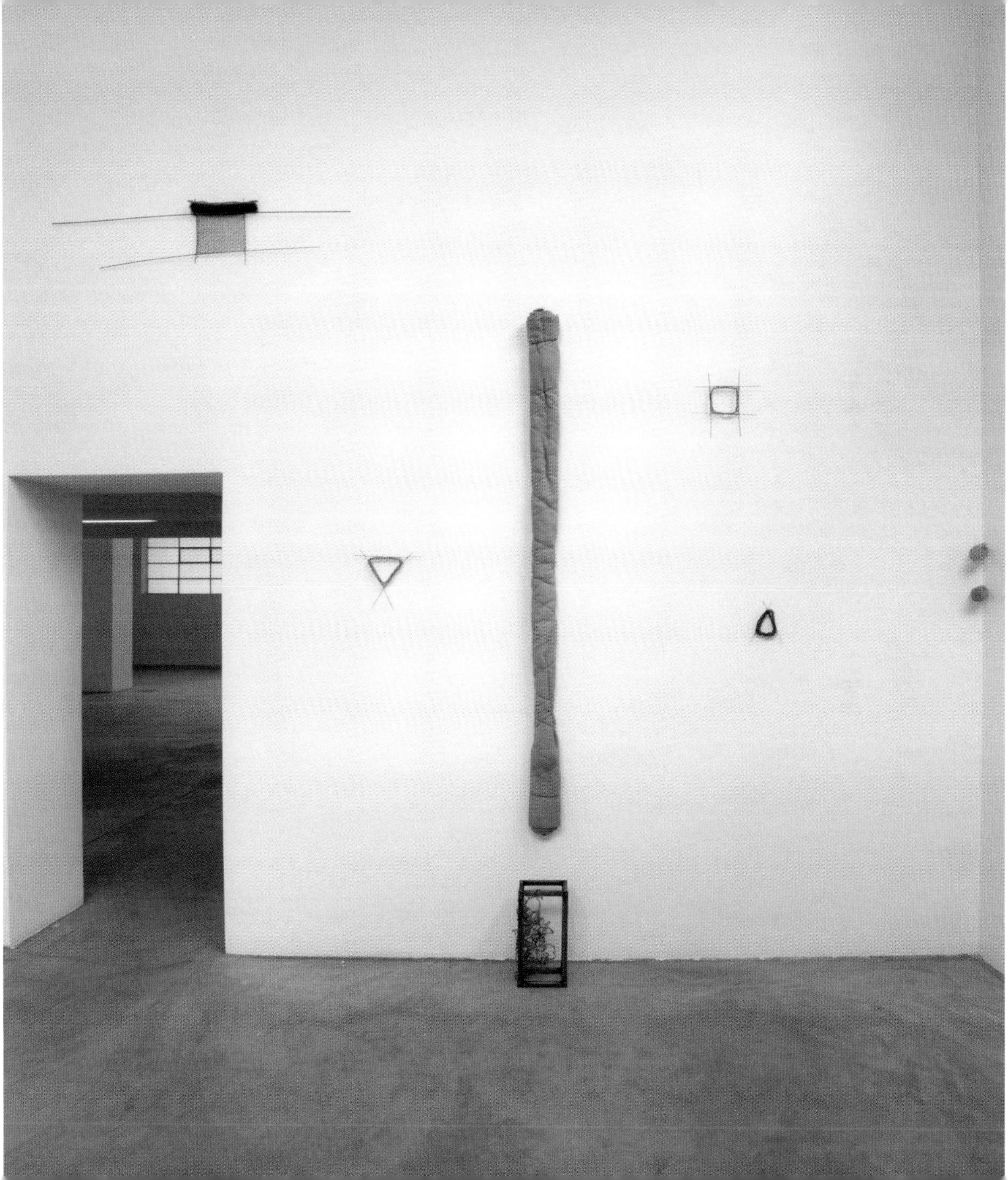

Mariza Merz, *Un attimo de rame* [Un moment de cuivre]

Installation dans l'exposition «Identité italienne», Centre Pompidou, Musée national d'art moderne, 1981

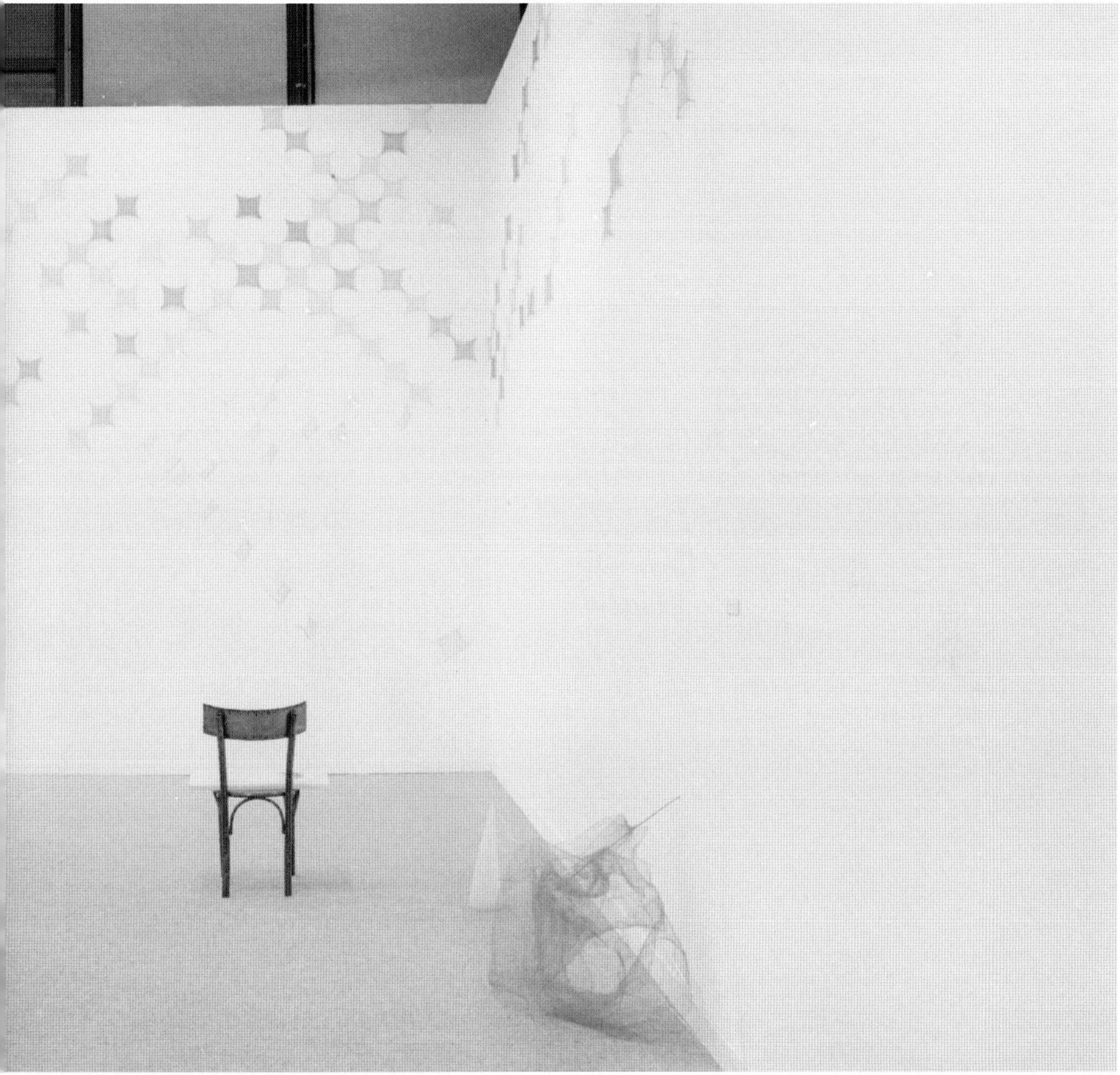

Giulio Paolini

Est-ce parce qu'il a participé à de nombreux décors de théâtre et de télévision ? Paolini apparaît dans la mouvance de l'Arte Povera, et bien qu'il y soit associé dès l'origine, comme une figure singulière : alors que la plupart des artistes qui s'y rattachent se situent dans un au-delà ou un en-deçà de la représentation, bousculant celui que Germano Celant appelle le *spectateur œil + oreille* en mobilisant de multiples références à des domaines très divers, Paolini semble se concentrer avec beaucoup de minutie sur les éléments constitutifs d'un *tableau* tel qu'on le conçoit en Occident depuis la Renaissance. Il refuse la table rase pour s'attacher à montrer le potentiel du dispositif classique de la peinture et démonter les mécanismes du regard :

« La surface d'une toile, ou d'une feuille de dessin, sont des lieux traversés, plongés comme ils le sont dans l'expérience du passé et dans la perspective du futur, par des projections et des expérimentations innombrables. Avant de nous engager dans des contre-épreuves particulières, je suggère de nous arrêter à considérer la disponibilité du support, la fonction que nous voulons lui attribuer. En d'autres mots, et en vertu d'un paradoxe, toutes les images possibles qu'une surface quelconque a représentées – ou peut représenter – *peuvent se réduire, ou se dilater à la représentation d'elle-même.* »

Très loin des alchimies d'Anselmo ou de Zorio, des cosmogonies de Mario Merz ou de la nature de Penone, Paolini s'engage sur la voie mallarméenne d'un « tableau à venir », sorte de machine optique dont le *mécanisme* serait aussi le sujet « mesure concrète des objets qui permettent de réaliser un tableau[1] ». Ses premières œuvres remplissent à la lettre ce programme : « sans titre » (1961) nous présente une toile blanche apprêtée de format standard, déclouée de son châssis et tendue au centre d'un châssis plus grand, comme une araignée au centre de sa toile. Ailleurs, un pot de peinture est suspendu à un châssis posé contre le mur. Dans sa première exposition à la galerie La Salita à Rome en 1964, de petits panneaux de bois en forme de tableaux sont accrochés à de grands panneaux du même bois qui servent de mur. Paolini arpente en acrobate la très délicate frontière qui sépare ce que nous percevons comme réalité de ce que nous percevons comme image. Cette frontière peut être fort mince, ne tenir par exemple qu'à un titre ou à une phrase, au contexte : lorsque Paolini expose une reproduction photographique du *Portrait d'un jeune homme* de Lorenzo Lotto en l'intitulant *Giovane che guarda Lorenzo Lotto* [Jeune homme regardant Lorenzo Lotto] (1967), il joue sur l'imperceptible mais très réel décalage qui nous fait voir de

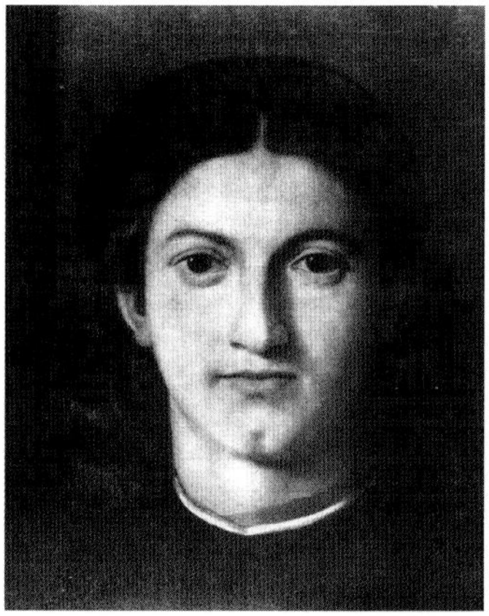

Giulio Paolini
Giovane che guarda Lorenzo Lotto
[Jeune homme regardant Lorenzo Lotto], 1967

Émulsion photographique sur toile,
30 × 24 cm
FER Collection

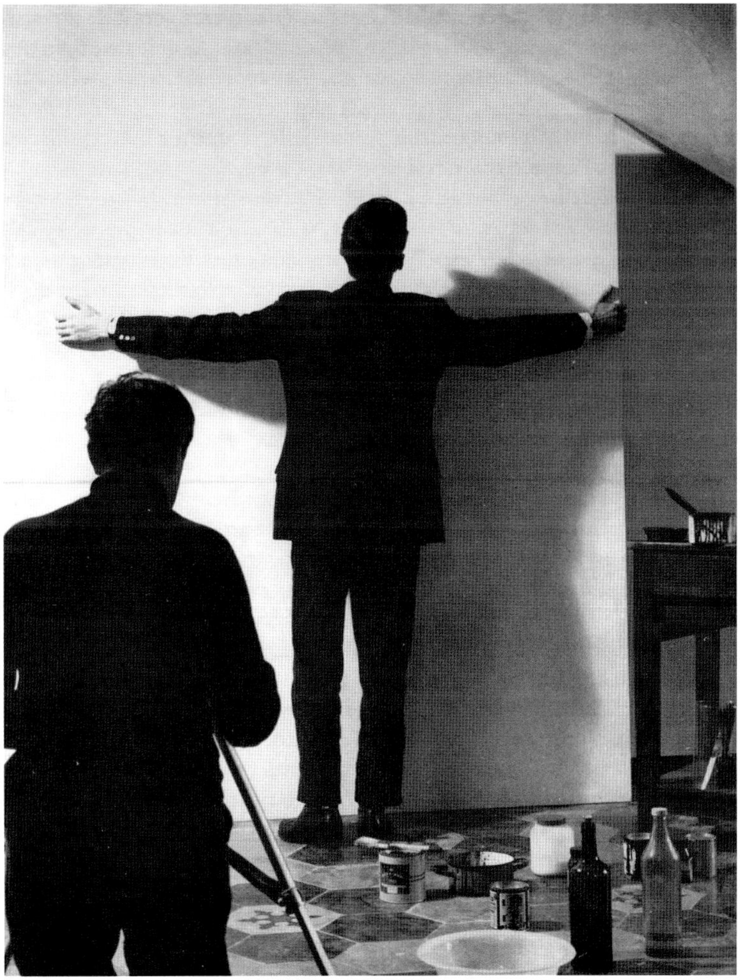

Giulio Paolini
***1421965*, 1965**

Tirage unique réalisée dans l'atelier de l'artiste à Turin
2 épreuves gélatino-argentiques juxtaposées et collées sur latte sous emboîtage en Plexiglas,
203 × 153,5 × 3,7 cm
Centre Pompidou, Musée national d'art moderne
Achat, 1997
AM 1997-11

façon neuve une chose connue ; une des œuvres les plus reproduites de cette période reprend la technique de l'abyme (popularisée par les emballages du commerce comme celui de Benjamin Rabier pour *La Vache qui rit*) : on y voit Paolini transportant une toile sur laquelle on voit Paolini transporter une toile (*D 867*, 1967), comme une image d'image.

Pino Pascali

« Il faut l'ardeur de l'homme qui n'a rien pour vraiment pouvoir créer quelque chose. »

Pino Pascali[1]

Pascali n'eut que cinq années – du *Teatrino*[2] qui marque en 1964 sa réelle émancipation des techniques classiques, à l'accident de motocyclette qui devait lui coûter la vie en septembre 1968 – pour mettre en place l'univers extraordinairement évocateur qui s'attache désormais à son nom. Entre les grands cycles qui circonscrivent son activité, aucune affinité formelle de principe, rien en tout cas qui puisse rappeler ce qu'on appelle communément un « style ». Les « tableaux-objets » (*Quadri-Ogetto*, 1964) se présentent comme des châssis traditionnels tendus de toile peinte – mais subtilement pervertis : une armature en effet se dissimule sous la toile pour transformer le plan du tableau en relief. Leur iconographie érotique (lèvres, seins, hanches) évoque *a priori* celle du Pop Art américain (Wesselmann en particulier), que pourtant Pascali récuse en bloc. Les « armes » (*Armi*, 1965) imitent avec beaucoup de vraisemblance canons, missiles et autres mitrailleuses : ce ne sont pourtant que des leurres faits de bric et de broc, pneus de camion, tuyaux de poêle et moulins à légumes grossièrement assemblés et badigeonnés de kaki. Les « fausses sculptures » (*Finte Sculture*, 1966) développent dans l'espace la technique des tableaux-objets en d'improbables trophées de chasse. Les « éléments naturels » (*Elementi naturali*, 1967) et la série « Reconstruction de la nature » (*Ricostruzione della natura*, 1968) imitent entre autres la terre, la mer et les animaux avec ce qu'on pourrait appeler les *moyens du bord*. Pascali revendique cette diversité. C'est une attitude qui définit son identité, non une vaine permanence formelle. Une attitude qui peut se comparer à une nostalgie de la complicité des hommes avec le monde, avant que la société industrielle ne les en éloigne irrémédiablement. « Ce que je vois, dit Pascali, ne m'appartient plus[3] » : ce constat critique le met à l'opposé des artistes Pop, façonnés par la réalité américaine et peu susceptibles de prendre avec elle la distance dont sont encore capables, en ce début des années 1960, les artistes européens.

« Tout le monde sait », écrit Claude Lévi-Strauss dans l'introduction à *La Pensée sauvage*, « que l'artiste tient à la fois du savant et du bricoleur : avec des moyens artisanaux il confectionne des objets qui sont aussi moyens de connaissance[4]. » L'ethnologue pose le principe, cher au bricoleur, du *modèle réduit*, à l'origine de ce que nous appelons œuvre d'art, et pour cette raison très précise qu'« à l'inverse de ce qui se passe quand nous cherchons à connaître une chose ou un être en taille réelle, dans le modèle réduit *la connaissance du tout précède celle des parties*. Et même si c'est là une illusion, la raison du procédé est

Pino Pascali
Le penne di Esopo
[Les Plumes d'Ésope], 196

Plumes de dinde, laine d'acier tressée montées sur planche de bois, prof. : 35 cm ; diam. : 150 cm
Centre Pompidou, Musée national d'art moderne
Achat, 1991
AM 1991-98

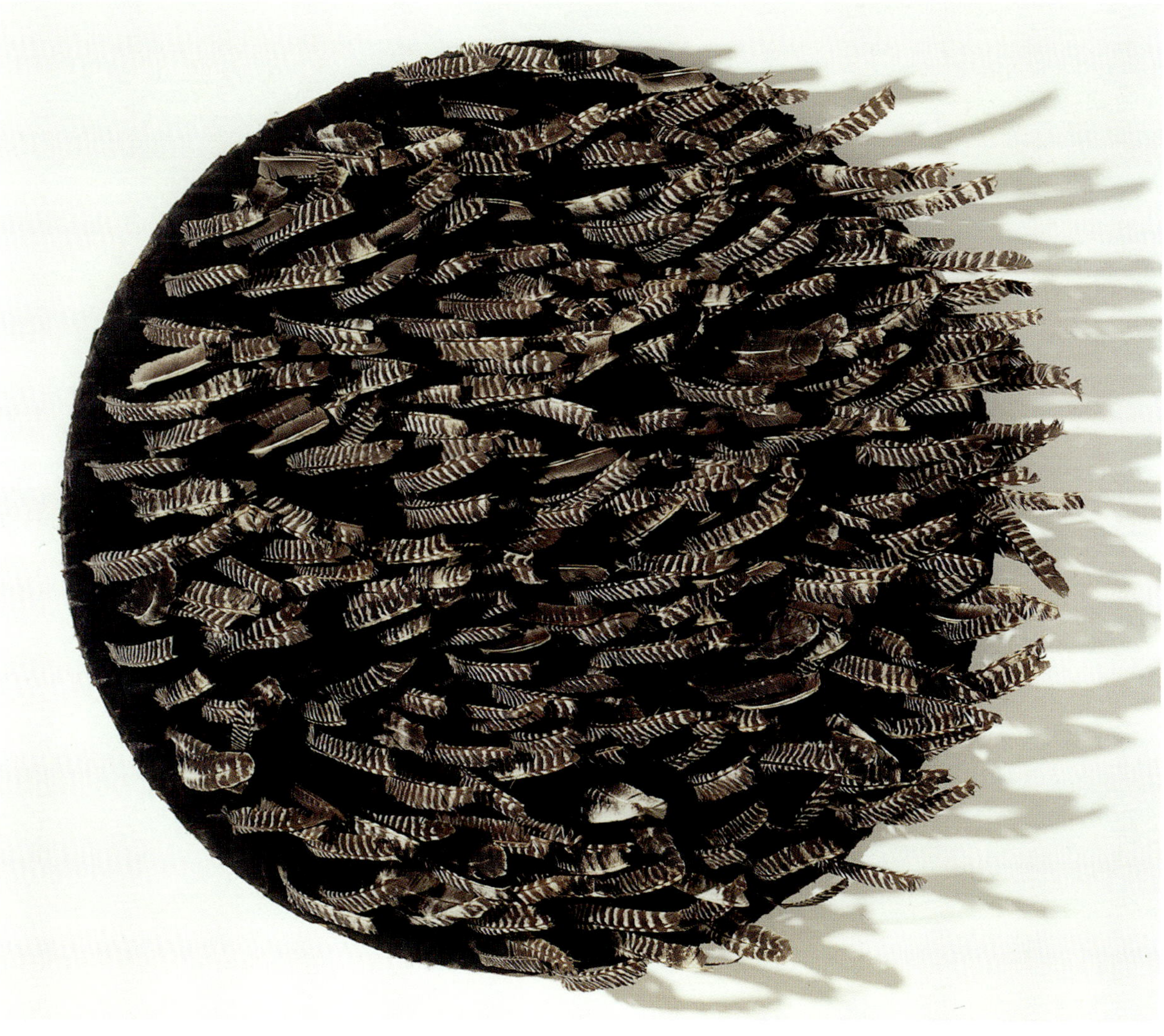

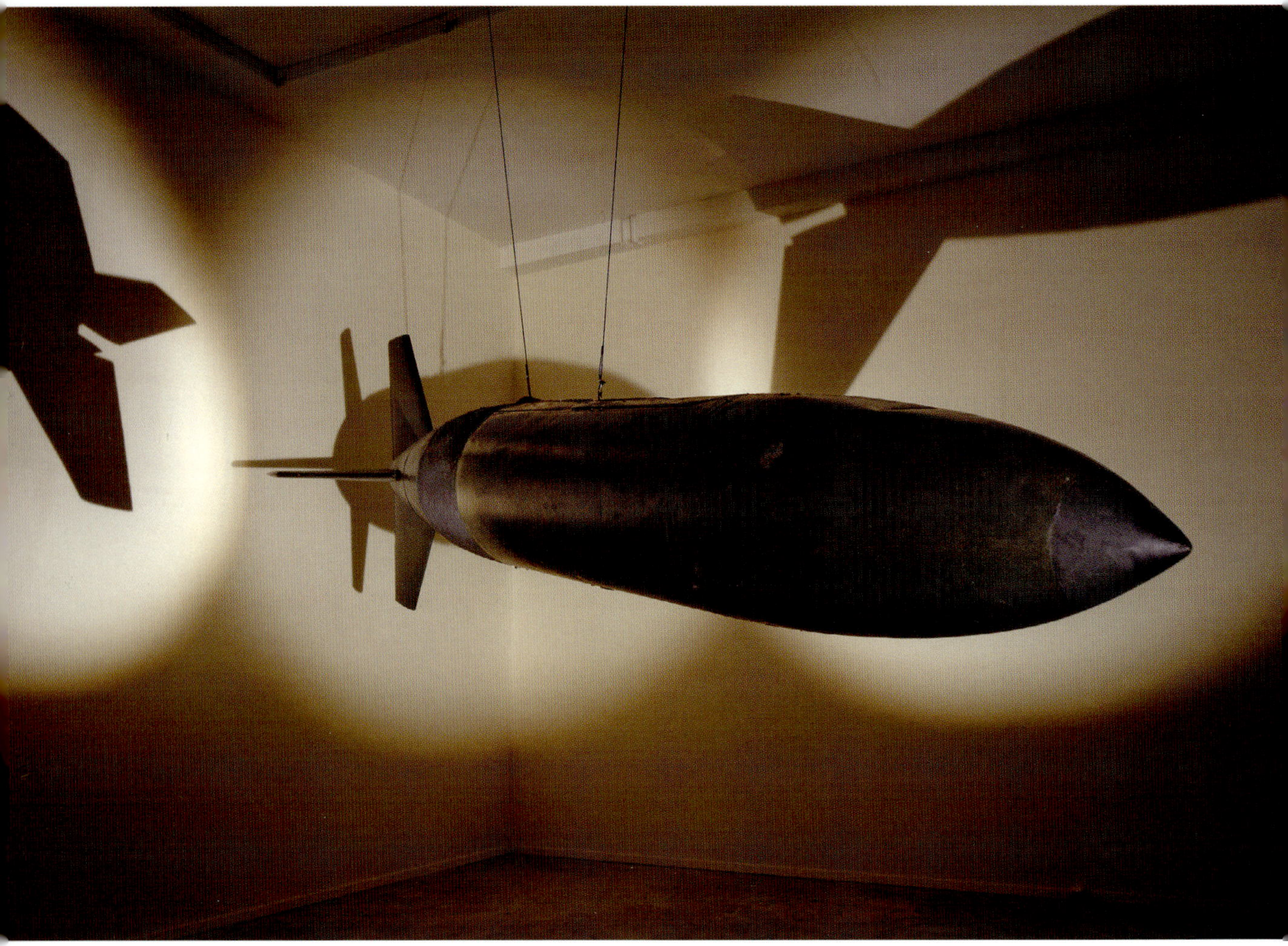

Pino Pascali
Grande missile «Colombe della pace»
[Grand missile «Colombe de la paix»], 1965

dans une installation créée lors de l'exposition
«Pino Pascali», Consortium, Dijon, 1987

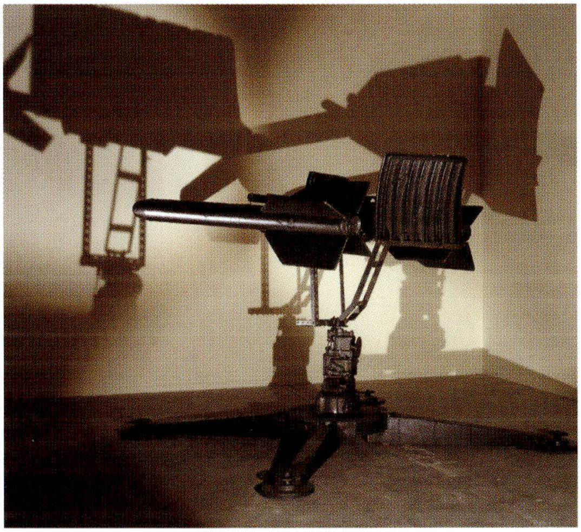

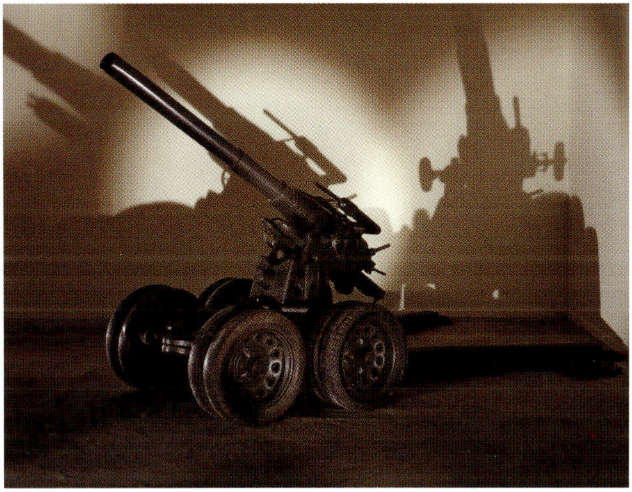

Pino Pascali
***Lanciamissile «Uncle Tom and Uncle Sam»* [Lance-missile «Oncle Tom et Oncle Sam»], 1965**

dans une installation créée lors de l'exposition «Pino Pascali», Consortium, Dijon, 1987

Pino Pascali
***Cannone semovente* [Canon autotracté], 1965**

dans une installation créée lors de l'exposition «Pino Pascali», Consortium, Dijon, 1987

de créer ou d'entretenir cette illusion, qui gratifie l'intelligence et la sensibilité d'un plaisir qui, sur cette seule base, peut déjà être appelé esthétique[5] ».

Ce mécanisme pourrait merveilleusement décrire nombre d'œuvres de Pascali : des *Armi*, nous ne percevons d'abord que la silhouette terrible, à l'instar de Méduse captivante et mortifère (si les armes n'étaient pas belles, la propension à s'en servir serait moins grande). Mais au lieu que les armes réelles, dans leur aspect fonctionnel, n'offrent aucune prise à notre intelligence, celles de Pascali se décomposent bientôt en éléments familiers : instruments ménagers, rebuts ordinaires que notre regard a accoutumé de percevoir comme domestiques. Nous retrouvons alors la jubilation des enfants qui, ayant par contrat décidé de faire un fusil d'un morceau de bois, peuvent instantanément cesser le jeu et rendre le bout de planche à sa destination première. Il y a à coup sûr beaucoup de parenté entre le jeu et la connaissance primitive. Pino Pascali revient souvent, tant sur l'art africain : « On aura beau dire et beau faire. La société de consommation crée un objet. Lorsque les Noirs façonnent un objet, ils créent une civilisation[6] », que sur le jeu des enfants : « Pour copier son père, l'enfant se met un pistolet à la ceinture, il met un uniforme parce que son père en porte un. Mais s'il était habillé exactement comme son père, avec un uniforme en réduction, ce ne serait pas drôle. L'enfant, lui, prend un bâton en guise de pistolet, met une veste en papier, un képi de carton. Et c'est beau[7]. » C'est dans la tension entre une volonté de copier le monde pour s'en approprier le sentiment, et l'inadéquation technique des moyens employés, que Pascali puise la force évocatrice de ses œuvres. Le défaut se mue en supplément.

Une simple analogie formelle suffit ainsi à transformer de la tôle ondulée en champs irrigués (*Campo arato* [Champ labouré], 1967) ou du balai-brosse en ver à soie (*Bachi da setola* [Vers à soie], 1968[8]) : c'est le titre ou la situation qui orientent alors la lecture des objets, faisant de Pascali une sorte de merveilleux Arcimboldo du readymade. Ce regard, que Suzanne Pagé définit joliment comme un « réenchantement » du monde, est bien celui d'un artiste qui vit avec difficulté la séparation – en d'autres temps on aurait dit l'aliénation – induite par la réalité technologique : les mouvements d'une voiture ou d'un missile nous sont désormais plus familiers que celui d'un mouton, les animaux ont l'étrangeté des « intrus ». Mais l'oubli le plus grave est sans doute celui qui frappe les *gestes nécessaires* – par exemple, façonner une écuelle qui permettra de boire. Or ces gestes seuls, selon Pascali, condensent véritablement l'énergie des hommes dans une création. C'est à « l'ardeur de l'homme qui n'a rien » qu'il aspire. Les œuvres du cycle « Reconstruction de la nature » (*Ricostruzione della natura*, 1968), comme celles montrées à la 34e Biennale de Venise en 1968, associent précisément les emblèmes de deux figures mythiques qui ont en commun, dans des registres fort éloignés, d'avoir à lutter pour survivre : Ulysse et Tarzan. Pascali, qui affirme n'avoir jamais pu effacer par les lectures savantes l'impression primordiale des romans d'aventures de son adolescence, s'identifie à l'un et à l'autre et s'entoure des emblèmes des deux mondes, l'arc d'Ulysse (*L'arco di Ulisse*, 1968) ou le pont de lianes (*Il Ponte*, 1968). Il joue à faire « comme si » la jungle urbaine était encore un espace à apprivoiser. Dans le « meccano » (c'est le mot qu'il emploie) des matériaux modernes, il puise les substances les plus extravagantes : fourrure acrylique et surtout *laine d'acier ;* dans l'antinomie de ces deux mots accolés, on peut lire comme le programme d'une synthèse impossible qui est toute l'ambition de Pascali. Dans ces deux séries d'objets, un seul ne se réfère ni à *L'Odyssée* ni à Edgar Rice Burroughs : il s'agit d'un grand cercle de bois couvert justement de laine d'acier tressée comme un matériau naturel ; dans l'épaisseur de la trame sont fichées près d'une centaine de plumes de coq, « Les plumes d'Ésope » (*Le penne di Esopo*, 1968) rangées là à la disposition des inventeurs d'histoires, au repos ou dans l'attente de tremper dans une nouvelle encre. Ce tondo est un objet précaire et magique, qui ne ressemble précisément à aucun des objets primitifs dont il réveille pourtant le souvenir. On pourra le lire comme une sorte d'exergue, disons un ex-voto moderne : *À toutes les fictions...*

Pino Pascali
***Cascate* [Cascades], 1966**

Toiles tendues sur bois cintré,
260 × 460 × 102 cm
Musée d'art moderne et contemporain de Strasbourg
Achat avec la participation conjointe de la Ville de Strasbourg, de l'État et du FRAM, 1996

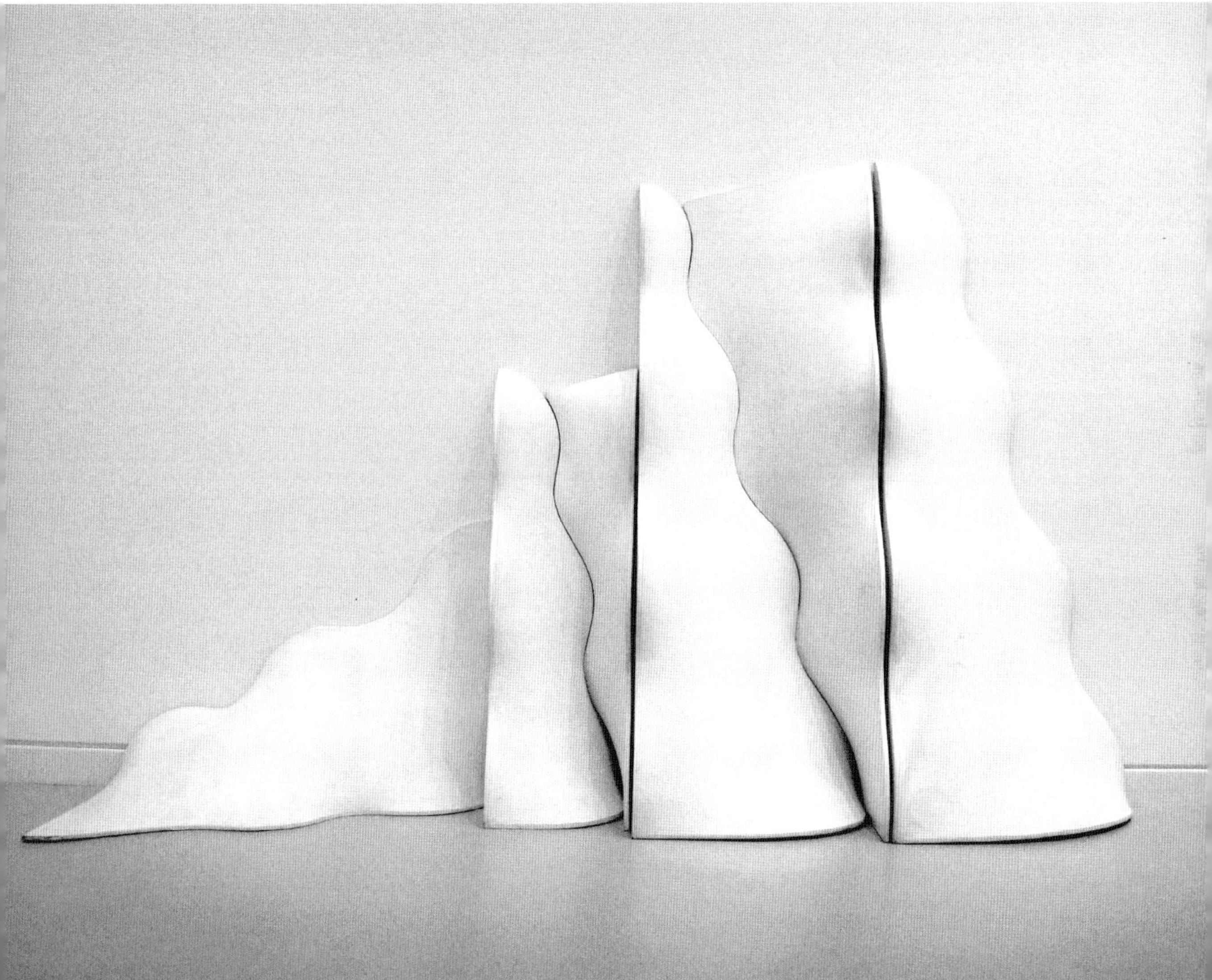

Giuseppe Penone

Une des caractéristiques de l'art du XXe siècle est son hospitalité à des techniques et des savoirs issus de tous les horizons : toutes les productions recensées comme Art pauvre le manifestent à des degrés divers, mais c'est peut-être avec Penone que cette importation d'une culture spécifique dans le territoire savant des Beaux-Arts est la plus visiblement productive. La sensibilité de Penone est avant tout paysanne ; élevé à Garessio, un petit village du Piémont, il ne manque jamais de rappeler ses origines rurales à ses interlocuteurs : « Mon grand-père paternel a produit de magnifiques œuvres d'art à son époque. Par exemple : une route creusée dans le roc sur une longueur de 500 mètres, le long du Rio Del Manico, pour rattacher un bois au réseau routier municipal [...][1]. » Sa première œuvre, en 1968 – il en développe encore aujourd'hui certains aspects – met au service d'un projet proustien la technique bien connue des forestiers, qui consiste à déterminer l'âge d'un arbre en comptant, sur sa section, les anneaux de croissance. La formulation très inhabituelle de son titre suffirait presque à la caractériser : *Il suo essere nel ventiduesimo anno di età in un ora fantastica* [Son être dans sa vingt-deuxième année, un moment fantastique] se présente comme une poutre carrée, au centre de laquelle un patient travail d'excavation selon les anneaux fait apparaître la forme d'un jeune arbre : celui qu'était la poutre bien avant qu'on songe même à la tailler (Penone s'étant imposé de retrouver dans l'objet manufacturé un arbre de vingt-deux ans – l'âge de l'artiste en 1968). C'est un prodige qui se dévoile : une image *palpable* du temps, enfouie dans le bloc de matière comme dans une gangue. Car le savoir-faire paysan rencontre ici non seulement l'aspiration littéraire à la maîtrise du passé, mais aussi la doctrine classique de la sculpture italienne qui veut qu'un artiste ne fasse jamais qu'extraire du marbre une forme virtuellement présente au cœur de la pierre[2]. *Il suo essere*... et tous les « Arbres » (*Alberi*) qui ont suivi, renouent avec la religiosité profonde qui imprègne la sculpture dès son origine, et qui fait son empire (le veau d'or était une statue); ils sont au petit nombre des choses dont la rencontre immanquablement vous change : les nymphes de Ronsard prennent corps tout à coup, et on n'habite plus son logis de la même manière lorsqu'on sait *de visu* les « forêts, allées, jardins, futaies, parcs, vergers et tous leurs arbres enfermés dans des portes, des tables, des planchers, des planches, des poutres, des bateaux, des chars...[3] » Le *temps* est en quelque sorte le sujet des *Alberi*, comme il est celui des œuvres d'Anselmo : mais alors que ce dernier joue sur une histoire géologique dont nous ne pouvons que projeter ou déduire l'usure, Penone se meut dans la durée, plus accessible à notre entendement,

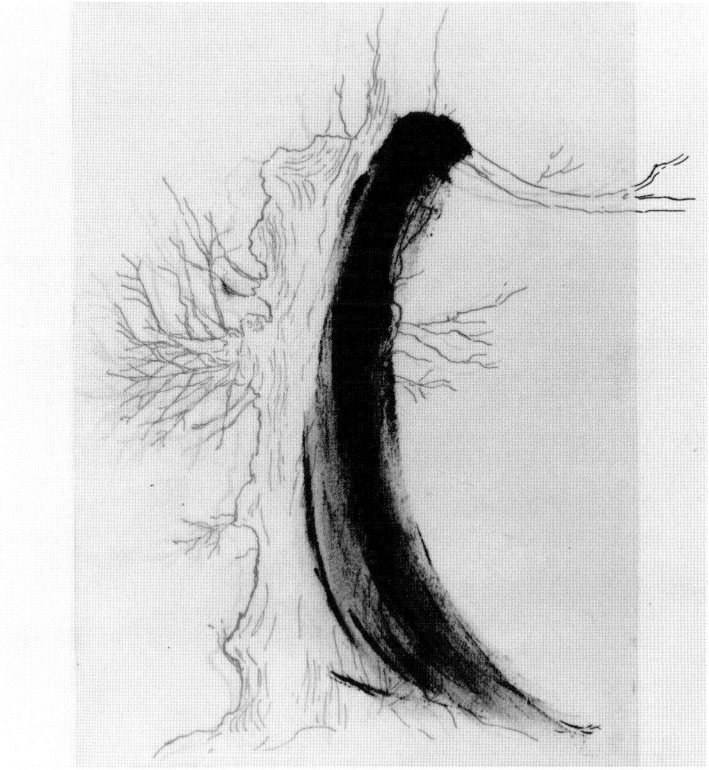

Giuseppe Penone
***Étude d'arbres*, vers 1973**

Mine graphite et encre de Chine sur
3 calques superposés, fixés sur papier,
35 × 50 cm
Centre Pompidou, Musée
national d'art moderne
Don de l'artiste, 1985 et de
M. et Mme Durand-Dessert
AM 1985-203

des cycles végétaux. Il lui est dès lors possible d'utiliser le temps comme un des *outils* de la sculpture – s'appropriant comme essentiel un usage marginal de la tradition, celui de la *patine. Alpi Marittime. Continuerà a crescere tranne che in quel* punto [Alpes maritimes. Il poursuivra sa croissance sauf en ce point] (1968) est un moulage en bronze de la main de l'artiste enserrant un jeune arbre – qui viendra, avec les années, l'engloutir dans une cicatrice ligneuse, véritable réponse esthétique du végétal à l'intervention humaine. Pour les *Patate* [Pommes de terre] (1977), Penone a semé dans un champ les fragments d'un moule en creux de son visage, les tubercules grandissant à proximité devant se couler dans ce moule et prendre la forme d'un nez, d'une bouche, d'une oreille. Curieuse récolte qui s'apparenterait à la fois à l'activité ordinaire du maraîcher et à l'art du fondeur : pour Penone, il s'agit de prouver que l'opposition de la

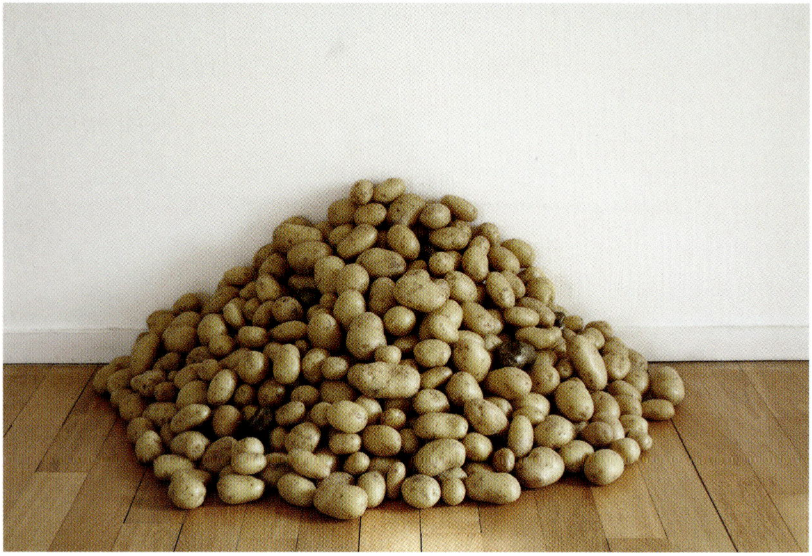

nature et de la culture est finalement moins grande que la parenté, en amont, de leurs principaux mécanismes. Avec *Essere fiume* [Être fleuve] en 1981, il identifie son propre geste de sculpteur avec l'érosion provoquée par l'eau ; un bloc de pierre est taillé sur le modèle d'un énorme galet charrié par un torrent, jusqu'au point exact où l'original ne se distingue plus de la copie. « L'acte de sculpture ne réside pas ici dans l'objet fabriqué, mais dans le rapport, la fraternité absolue de deux objets qui n'ont pas eu le même passé[4]. »

Ce désir de fusion panthéiste avec la nature prend parfois un tour quasiment érotique : Penone se photographie enlaçant un arbre, ou s'allonge dans le cours d'un ruisseau comme pour le féconder, y imprimer en tout cas une forme correspondant aux dimensions de son corps (*Alpi Marittime. La mia altezza, la lunghezza delle mie braccia, il moi spessore in un ruscello* [Alpes maritimes. Ma hauteur, la longueur de mes bras, mon épaisseur dans un ruisseau] (1968). Cette assomption dans le flux de la Nature est peut-être accomplie dans la mort, le retour à la poussière :

« 16-20 décembre 1968

J'ai placé ma main contre un arbre, et j'en ai dessiné le contour avec des clous. Puis j'ai accroché à l'arbre 22 poids de plomb (correspondant à mes vingt-deux ans) reliés par du fil galvanisé et du cuivre. Chaque année jusqu'à

Giuseppe Penone
***Patate* [Pommes de terre], 1977**

5 éléments de bronze et pommes de terre, dimensions variables
Musée départemental d'art contemporain de Rochechouart

Giuseppe Penone
***Albero* [Arbre] [1973]**

Bois, 550 × 19,5 × 7,5 cm
Centre Pompidou, Musée national d'art moderne
Achat, 1982
AM 1982-133

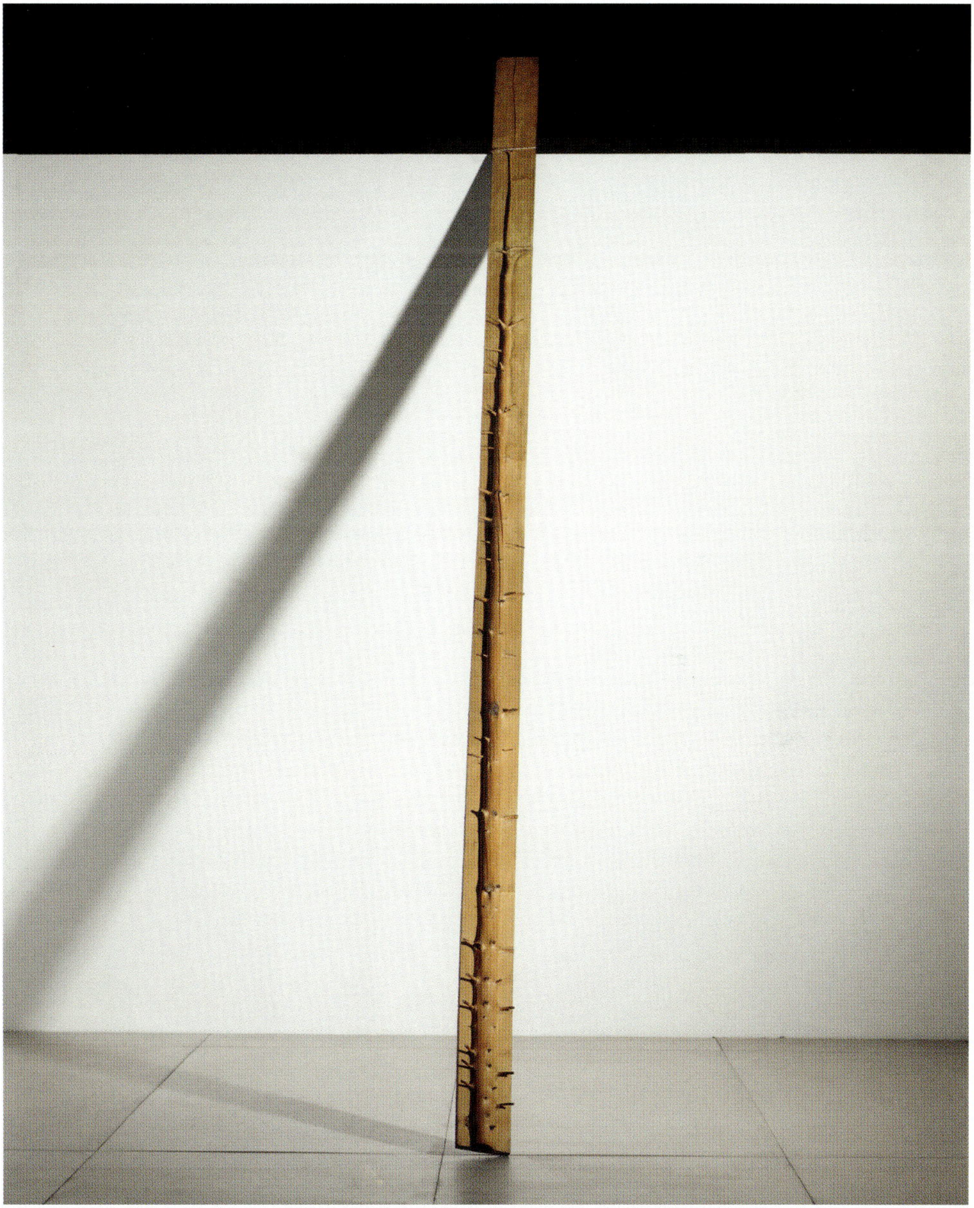

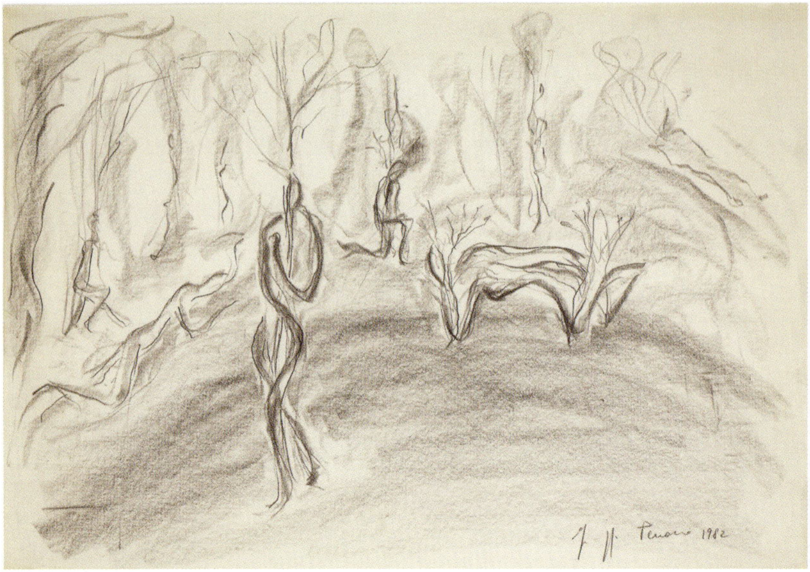

Giuseppe Penone
Gesto vegetale [Geste végétal], 1982

Mine graphite sur papier, 41,5 × 59 cm
Centre Pompidou, Musée national d'art moderne
Donation de la Collection Florence et Daniel Guerlain, 2012
AM 2012-767

Giuseppe Penone
Il verde del bosco con ramo [Le Vert du bois avec branche], 1987

Branche d'arbre, sève et chlorophylle sur toile de coton, tissu, 183,5 × 237 × 10 cm
Centre Pompidou, Musée national d'art moderne
Don de la Société des Amis du Musée national d'art moderne, 1994
AM 1994-266

ma mort j'ajouterai un poids. Je demanderai par testament qu'un paratonnerre soit placé au sommet de l'arbre. Peut-être la foudre, dans son trajet vers le sol, fera-t-elle fondre les poids de plomb[5]. »

Mais dans la réalité de son existence quotidienne, l'homme est un sac de peau : cette enveloppe est ce qui, nous séparant du dehors, constitue notre unité, et le seul point de contact avec l'extérieur, minuscule espace de *l'échange* qui pourrait être celui désigné par Marcel Duchamp comme relevant de l'*infra mince*[6]. Dans *Svolgere la propria pelle* [Développer sa propre peau] (1971), Penone recense en six cent-huit clichés la surface de sa peau pressée sur une paroi de verre, pour donner à voir sous la forme d'un livre l'empreinte qu'il imprime à longueur de journée sur le monde. De ses nombreux travaux qui, dans les années 1970, vont s'attacher à réduire l'opposition intérieur/extérieur, les plus frappants appartiennent sans conteste à la série des « Souffles » (*Soffi*). La plupart des pièces de cette famille se présentent comme de grandes outres de terre cuite, à taille humaine : sur un des flancs on distingue la trace en creux, parfaitement identifiable (au bouton de chemise près) du corps d'un homme, surmonté d'une curieuse et plus complexe figure qu'il faut un peu plus d'attention pour reconnaître comme le moule en

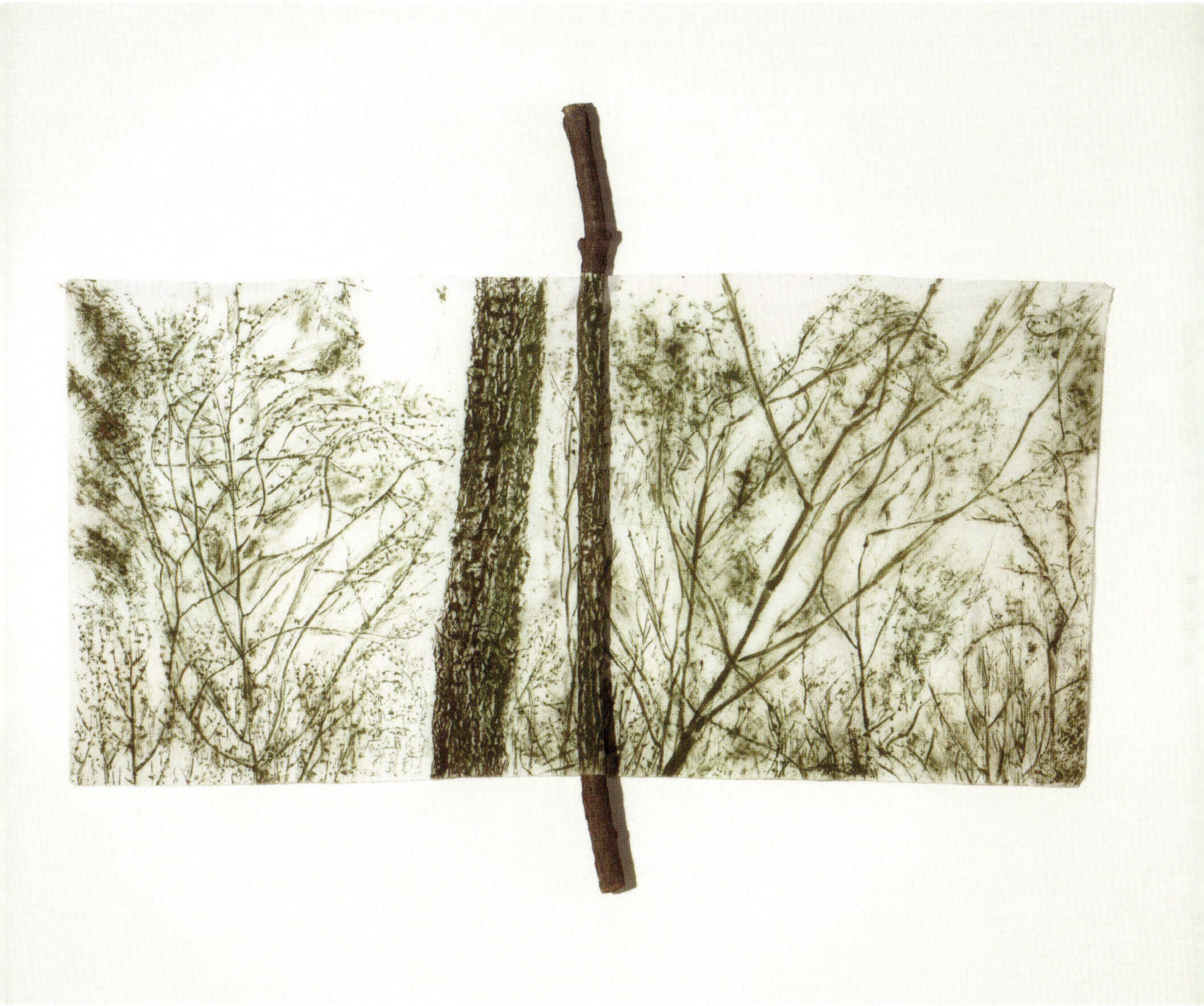

creux d'une bouche. Comme si, une fois encore, l'artiste étreignant un bloc de glaise y avait laissé son empreinte. À partir de cette bouche moulée en creux, la terre s'évase en une forme ventrue, exactement comme les bouteilles soufflées par les verriers. Par endroits, là où cette forme pansue rencontre la marque du corps, l'argile forme des volutes qui évoquent fortement les nuées baroques ou la représentation sur les cartes anciennes du zéphyr et de l'aquilon. Ces gros ballons de terre sont, bien entendu, héritiers des *Souffles d'artiste* (1960) de Piero Manzoni, mais ils excèdent le geste presque sacrilège qui consiste à sceller comme un readymade l'*anima* des Anciens. Ils sont une sorte d'inversion du visible, comme si tout à coup le souffle prenait corps. Ils ont un double statut qui leur confère une réalité ambiguë : à la fois *trace* et *métaphore,* ils juxtaposent deux procédés *a priori* incompatibles. L'un (la trace) est le lieu de la vérité ; l'empreinte du corps est aussi indissolublement attachée à la réalité qu'une empreinte digitale à la main du voleur. L'autre est œuvre d'imagination, représente le vent par des volutes et s'autorise tous les mensonges. Cette ambiguïté qui nous livre sous la forme d'une réalité palpable un élément dont il est presque dans l'essence d'être impalpable, c'est ce que la philosophie appelle le *sublime* : il donne à voir ce qui n'est pas fait pour être vu. L'activité de Penone dans son ensemble pourrait être placée sous l'égide du sublime ; il aborde en sculpteur les sujets les moins sculpturaux, le temps, le souffle… On pourrait parler à propos des formes qu'il crée, comme pour celles d'Anselmo, d'*allégories réelles*. S'il utilise très souvent la photographie dans son œuvre, c'est évidemment pour fixer ce qui dans cette dernière est éphémère et de l'ordre du *processus* plutôt que du *produit* ; mais également parce qu'elle est, dans son principe même (une *empreinte* de la réalité sur une plaque sensible, résultant d'un contact direct et non d'une construction) adéquate à son projet. La photographie serait même une possible métaphore de l'ensemble du travail de Penone puisqu'elle entrelace, comme lui, la « nature » à l'« artifice » – c'est-à-dire la chimie des plaques sensibles à l'optique glacée des objectifs. En conclusion d'une remarquable préface à l'exposition « Giuseppe Penone » du musée de Nantes en 1986, Daniel Soutif écrivait justement : « En plaçant son œuvre sous le signe visuellement exhibé de la similitude originelle de la nature, de la vie et de l'art, autant dire en réintégrant l'humain dans l'universel, Giuseppe Penone fait jouer aux formes un jeu qui, non seulement met au jour à la fois une esthétique de la nature – "La nature, écrivait Kant, était belle lorsqu'en même temps elle avait l'apparence de l'art…" – et une naturalité de l'art, mais encore réveille l'émouvant souvenir d'une identité perdue qui ne finira jamais d'alimenter le désir de son nécessaire retour[7]. »

Giuseppe Penone
***Empreinte de pied*, 1975**

Mine graphite et sanguine sur papier calque collé sur papier, 9,7 × 10 cm
Centre Pompidou, Musée national d'art moderne
Achat, 1985
AM 1985-130

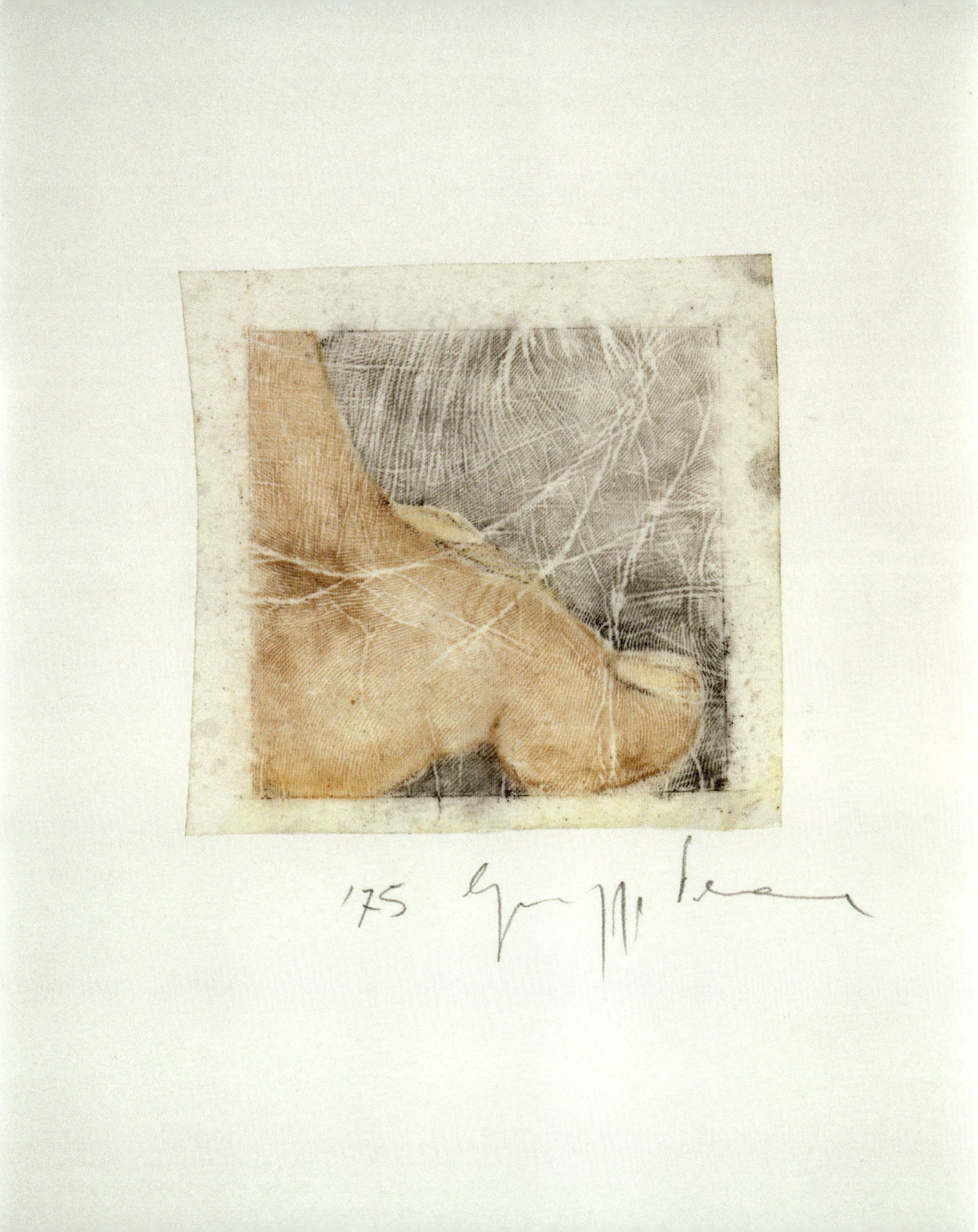
'75

Giuseppe Penone
***Respirare l'ombra* [Respirer l'ombre], 1999-2000**

200 cages grillagées remplies de feuilles
de laurier ignifugées et une sculpture
en bronze doré *Les Poumons*
Centre Pompidou, Musée national
d'art moderne
Don de l'artiste, 2001
AM 2001-6

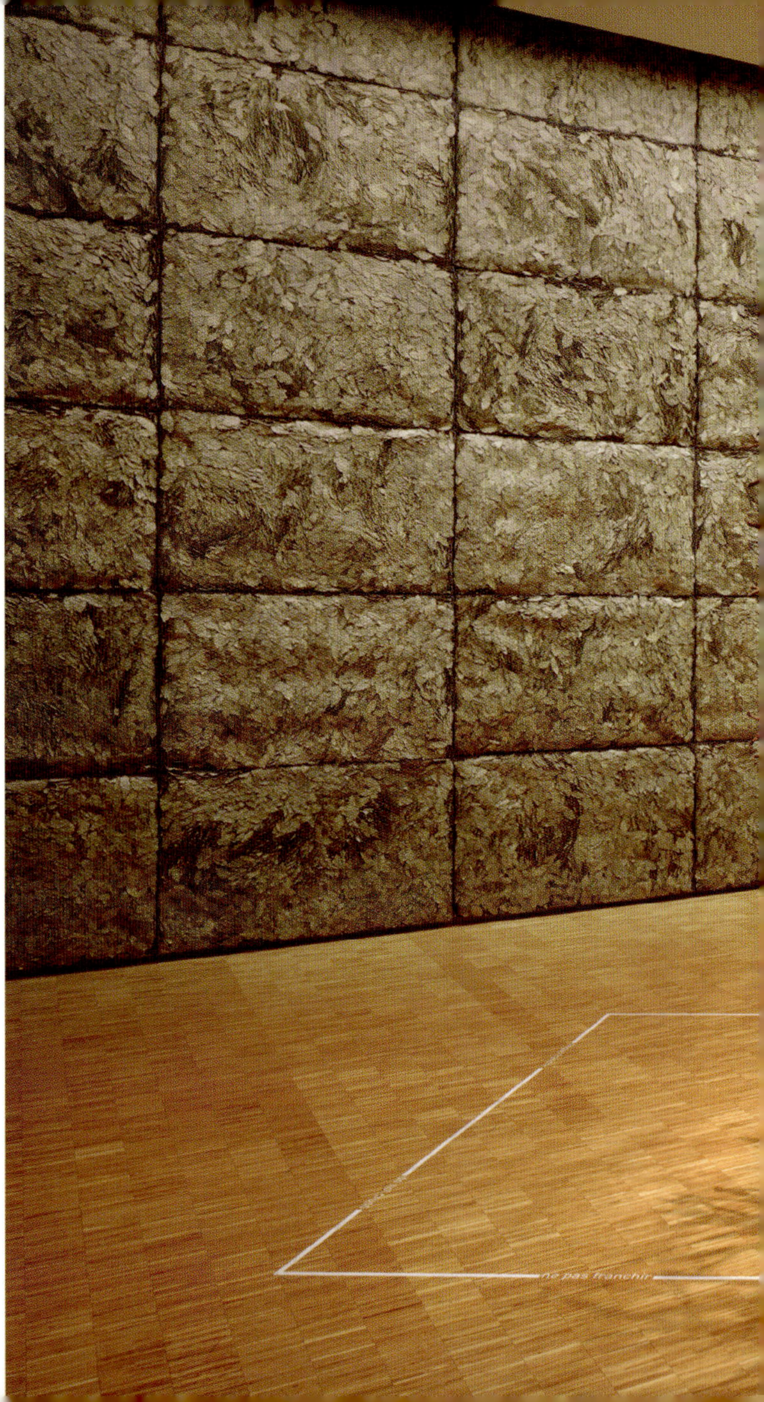

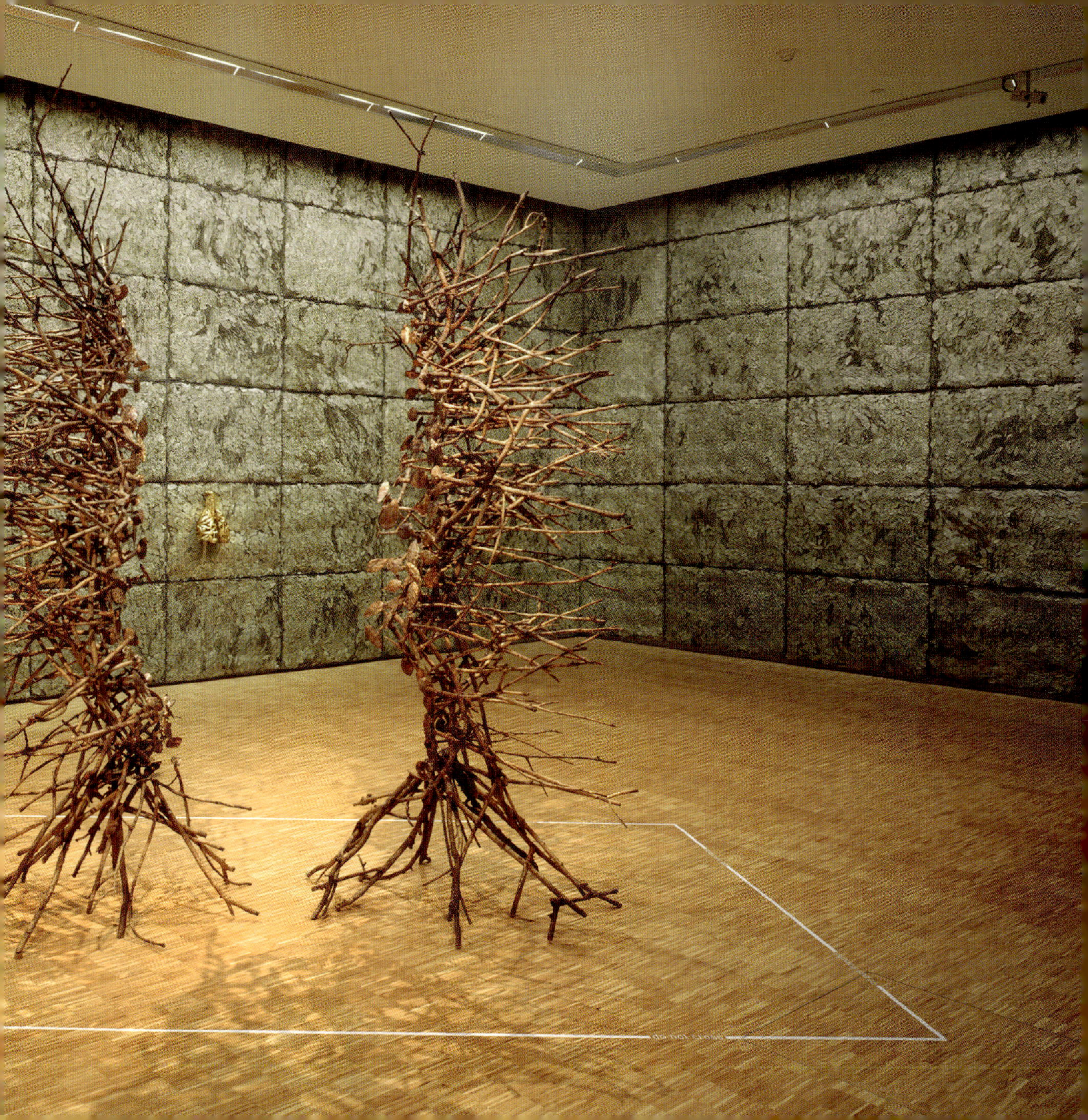

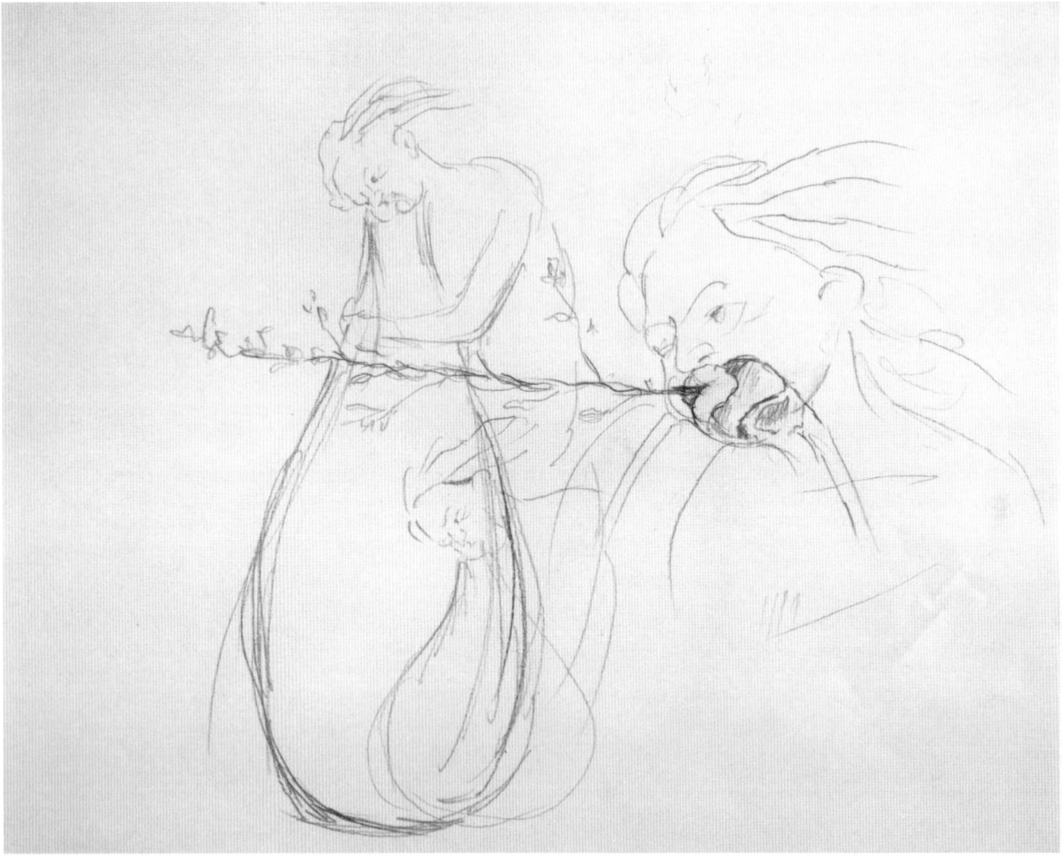

Giuseppe Penone
***Étude pour* Soffio, vers 1978**

Mine graphite sur papier, 21 × 26 cm
Centre Pompidou, Musée national d'art moderne
Don de l'artiste, 1985 et de M. et Mme Durand-Dessert
AM 1985-201

Giuseppe Penone
***Soffio 6* [Souffle 6], 1978**

Terre cuite, 158 × 75 × 79 cm
Centre Pompidou, Musée national d'art moderne
Achat, 1980
AM 1980-42

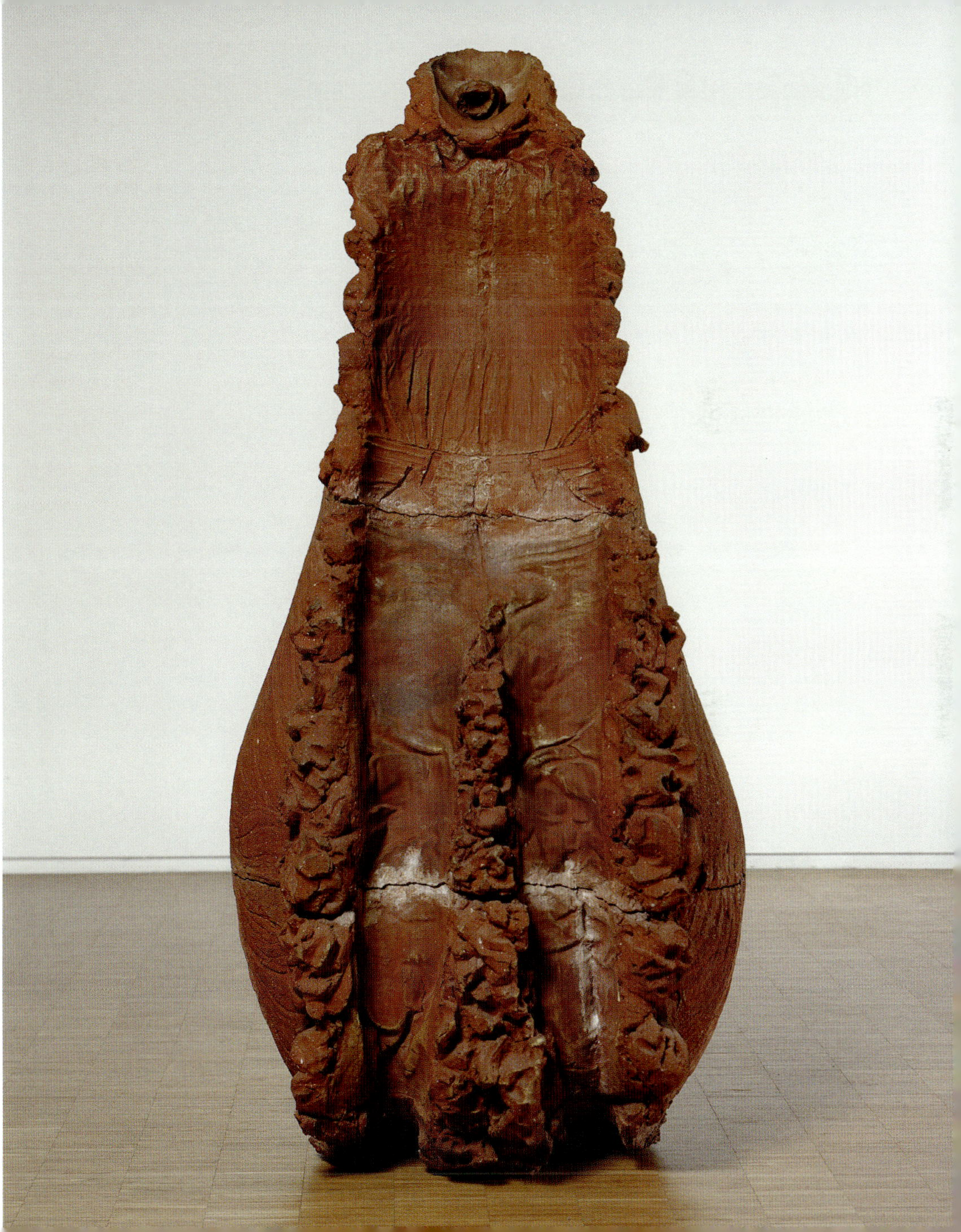

Michelangelo Pistoletto

Les œuvres de Pistoletto ont été montrées – chez Sperone à Turin, Sonnabend à Paris – et remarquées plusieurs années avant l'émergence théorique du concept d'*Arte Povera* : il apparaît ainsi avec Emilio Prini (qui n'a pas, lui, été associé par la suite au mouvement) comme l'un des pionniers d'une liberté formelle qui est la *condition préalable* à l'existence même de ce courant. Il est également l'un des seuls artistes à avoir publié un texte qui puisse apparaître aux côtés de ceux de Celant comme une manière de « manifeste ». *Le ultime parole famose* [Dernières paroles célèbres], parues à Turin en 1967, tracent ainsi un programme, sans oublier cependant de rappeler dans l'ironie de leur titre la vanité de tout programme. Pistoletto y fait une critique des enchaînements logiques et rationnels, exaltant une science inversée : l'intelligence est là pour poser les questions, pas pour y répondre. L'ennemi, c'est le langage : « Croire dans le langage dont l'on se sert revient à tenir le rôle que l'on s'est fixé. Le langage se présente comme une fiction dressée entre nous et les autres, pour une masse de gens qui récitent leur propre rôle et qui sont prêts à se laisser diriger par les metteurs en scène[1] » ; pour échapper à cette tyrannie intérieure, « toutes les formes sont à notre disposition, tous les matériaux, toutes les idées et tous les moyens de les exprimer. [...] Finalement, pour comprendre et communiquer, les mécanismes de la perception peuvent fonctionner à plein[2] ». *Le ultime parole* font l'éloge du « pas de côté », du chemin de traverse qui permet de prendre du champ, d'éviter les réflexes conditionnés, les jugements de valeur et les systèmes clos. Une telle pétition de principe implique évidemment pour l'artiste de ne pas contraindre sa liberté dans une unité de style, et Pistoletto apparaît en cela très proche de Pascali. Sans doute n'est-il pas indifférent que l'un et l'autre aient été quelquefois assimilés au Pop Art en raison de superficielles similitudes formelles... Dans le cas précis de Pistoletto, l'usage de reports photographiques identiques à ceux qu'ont pu utiliser Martial Raysse ou Andy Warhol a souvent induit la confusion. Ils ne sont pourtant employés que pour la série des « miroirs » (*Specchi*), qui ne sont qu'un aspect de son œuvre, même s'ils en sont d'une manière générale l'origine et la matrice. Les tout premiers éléments de la série sont encore des tableaux, silhouettes peintes sur un fond d'argent ou d'or (*Autoritratto oro* [Autoportrait or], 1960) ; mais très vite la formule est trouvée d'une feuille d'acier poli en miroir sur laquelle vient se poser une image photographique sérigraphiée.

Michelangelo Pistoletto
Orchestra di stracci-trio
[Orchestre de chiffons-trio], 1968

Verres, chiffons, plaques chauffantes et bouilloires produisant de la vapeur, 50 × 160 × 200 cm (chaque élément, environ)
Centre Pompidou, Musée national d'art moderne
Achat, 1990
AM 1990-159

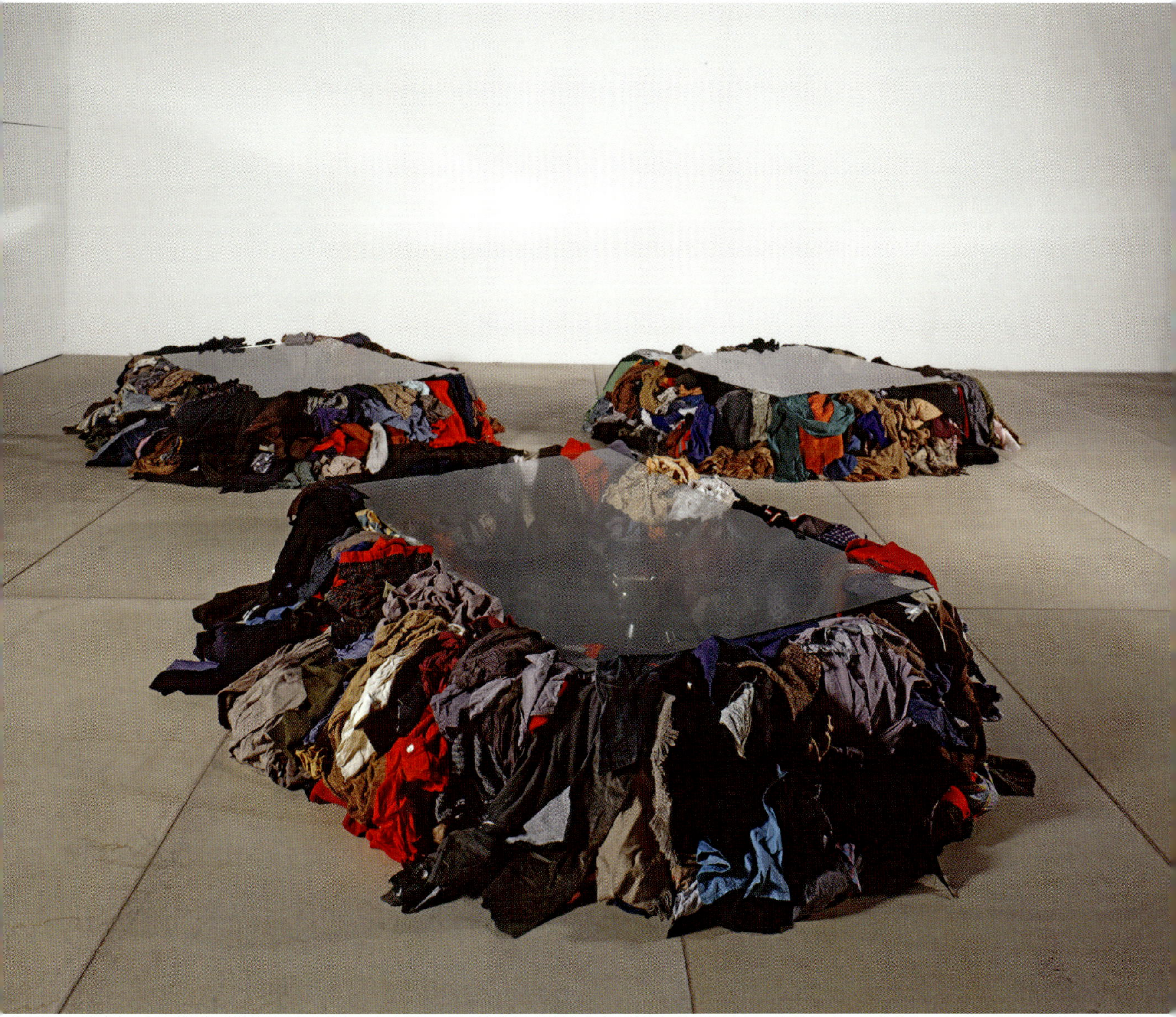

Le miroir, on le sait, et notamment à travers la fameuse expérience de Brunelleschi, est le modèle de la peinture illusionniste : il simule la réalité dans un espace à deux dimensions. Il intervient dans d'innombrables tableaux de Vélasquez à Manet, comme un motif critique, une métaphore de la peinture. Pistoletto retourne en quelque sorte le stratagème du tableau dans le tableau en plaquant sur un miroir un élément de représentation : un espace singulier se crée où le spectateur coexiste avec une image. Souvent confronté à des figures de dos (*Figura umana* [Figure humaine], 1962 ; *Persone che guardano* [Les gens qui regardent], 1965), il est mis en situation de regardeur-regardé, parfois assimilé à un voyeur (*Donne nude che ballano* [Femmes nues qui dansent], 1964) et souvent ramené à l'humilité de sa condition dans un effet très proche de celui des *Vanités* du XVIIe siècle (*Donna al cimitero* [Femme au cimetière], 1962/1974). Désespoir des photographes, ces tableaux-miroirs, jamais tout à fait reproductibles, auraient pu verser, on le comprend, dans le travers du procédé, auquel Pistoletto va pourtant échapper par une série de ces « pas de côté » revendiqués dans *Le ultime parole famose*. Les œuvres de la « première génération après le miroir[3] », en 1965-1966, font par leur aspect hétéroclite, voler en éclats l'idée d'une manière propre à Pistoletto, comme si elles étaient le fait de plusieurs artistes ; elles portent le titre très beau et très énigmatique d'« Objets en moins » (*Oggetti in meno*). Plusieurs interprétations ont été données de cette soustraction suggérée ; elle évoque bien entendu l'ascétisme du Minimal Art, qui se développe au même moment de l'autre côté de l'Atlantique, mais il ne s'agit que d'une analogie lointaine et les *Objets en moins* n'aspirent pas comme le Minimal à dépouiller l'œuvre de toute référence qui occulterait sa « réalité ». Bruno Corà et Ulrich Loock[4] y voient plutôt une idée presque mallarméenne du *fragment* : chaque objet serait une parcelle soustraite à l'infinité des possibles, dans un geste assez proche au fond de ceux de Penone ou d'Anselmo, et caractérisé par une recherche non du Beau mais du Sublime. L'objet qui figure dans la collection du Musée national d'art moderne confirmerait plutôt cette séduisante analyse : le « Mètre cube d'infini » (*Metrocubo di infinito*, 1965-1966) se compose de six miroirs rectangulaires d'un peu plus d'un mètre de long mais de très exactement un mètre de large, assemblés de manière à enclore un volume d'un mètre cube. Les surfaces réfléchissantes tapissent l'*intérieur* du cube. Dans cette boîte hermétique à haute lumière se produit donc, à l'abri du regard, une réflexion des miroirs par les miroirs *virtuellement infinie*, bien que circonscrite dans un volume banal. La réaction spéculaire en chaîne, précipitée par le cube de Pistoletto, est comme le fol aboutissement de siècles d'expériences sur la perspective, dédicace à la fois ironique et désespérée à l'irreprésentable. Un autre chemin

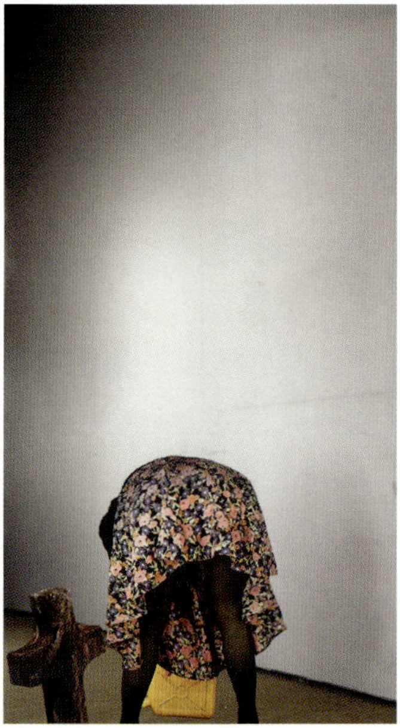

Michelangelo Pistoletto
***Donna al cimitero* [Femme au cimetière], 1962/1974**

Sérigraphie sur acier poli, 229,5 × 125 cm
Centre Pompidou, Musée national d'art moderne
Achat, 1977

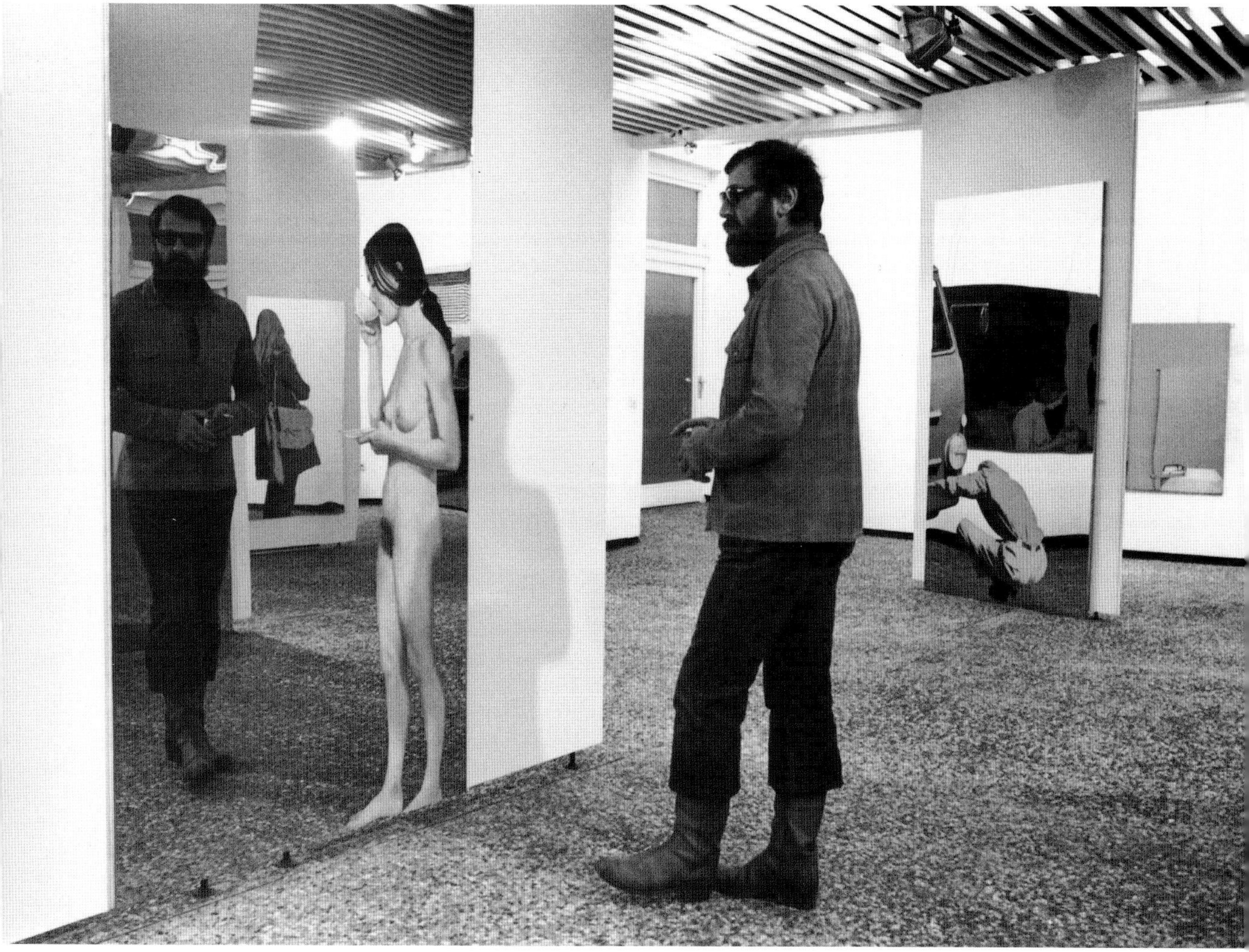

Michelangelo Pistoletto dans l'exposition
«Michelangelo Pistoletto», Kestner-Gesellschaft
Hannover, 23 novembre 1973-13 janvier 1974.
Photo : Angelika Platen

de traverse s'offre à Pistoletto, qu'ont emprunté aussi Kounellis, Calzolari et Pascali : celui de l'action, du happening, de l'expression concrète de l'art dans la vie. Plus que la référence à Fluxus, c'est probablement la présence, dans les années 1960, du Living Theatre en Italie qui rend cette issue possible et qui aboutit à la création en 1967 par Pistoletto de sa propre « compagnie », le *Zoo,* qui aura une existence active jusqu'en 1969. L'implication du public dans l'œuvre contenue dans le principe des miroirs trouve avec le *Zoo* et d'autres expériences scéniques une « orchestration » concrète[5], hors du champ des arts réputés « plastiques ». Cette part de son activité mériterait un développement à part entière dont nous n'avons pas ici l'occasion : elle explique peut-être, sur le plan strict de l'anecdote, deux œuvres importantes de Pistoletto, produites autour de 1967 avec des vêtements de rebut, comme des défroques de théâtre : La « Vénus des chiffons » (*Venere degli stracci,* 1967), et « Orchestre de chiffons-trio » (*Orchestra di stracci-trio,* 1968) évoquent fortement les accumulations réalisées par Arman ou Gérard Deschamps en France quelques années auparavant. Mais alors que ces derniers s'en tiennent délibérément à un compactage brut de déchets ou d'objets laissés pour compte, Pistoletto joue plutôt de la nostalgie poétique qui s'attache aux vêtements portés et rejetés. L'emploi de ce matériau sans noblesse apparente pourrait sans doute être dit « pauvre » ; pourtant la *Vénus* et l'*Orchestre* manient une ironie qui n'est pas fréquente chez les autres artistes du mouvement : l'insolence de ce verso callipyge, surtout sifflée par les bouilloires de l'orchestre, n'est pas si proche qu'on pourrait le penser des réemplois de moulages d'antiques par Paolini, et souligne une fois de plus la multiplicité de tons et de points de vue répertoriés sous le terme générique d'Arte Povera. Pistoletto reste d'ailleurs d'une fidélité absolue à la théorie du « pas de côté » : la dernière génération de son travail – de grandes figures grossièrement taillées dans le polystyrène et posées le plus souvent en équilibre instable – déconcerte le spectateur averti des périodes précédentes et le reconduit en position de néophyte. Le refus du confort stylistique est le trait le plus affirmé de l'art de Pistoletto.

Michelangelo Pistoletto
Metrocubo d'infinito
[Mètre cube d'infini], 1966

6 miroirs, ficelle en chanvre,
120 × 120 × 120 cm
Centre Pompidou, Musée national d'art moderne
Achat, 1990
AM 1990-158

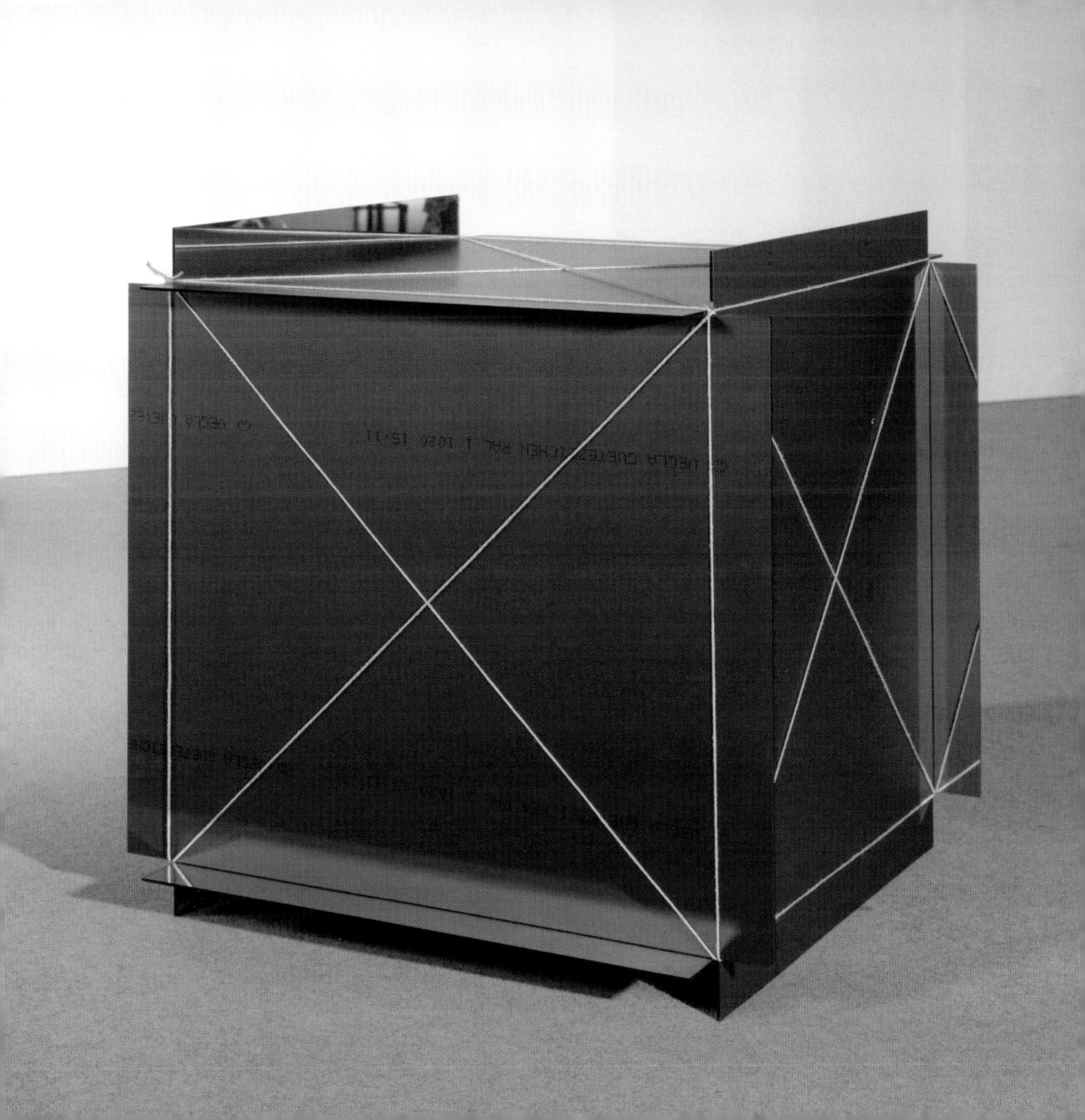

Gilberto Zorio

Dans le catalogue de son exposition au Centre Pompidou[1], Catherine David souligne à quel point il est important de resituer Zorio dans le contexte de la fin des années 1960, où la sémiologie et les théories du langage – popularisées en Italie par Umberto Eco – exerçaient une influence prépondérante. Rien ne saurait définir mieux l'œuvre de Zorio que l'« alchimie du verbe » invoquée par Arthur Rimbaud dans *Une saison en enfer,* à condition de prendre au pied de la lettre cette métaphore malheureusement galvaudée ; bon nombre de ses œuvres portent en effet le titre de « Pour purifier les paroles » *(Per purificare le parole),* et tirent leur origine d'une pièce de 1969 conservée au Musée national d'art moderne[2], dont elles reprennent à des degrés de complexité divers le principe : une sorte d'alambic muni d'une embouchure où l'on imagine que puisse se déverser un flux de paroles. Le réseau où ce flux doit être décanté se compose aussi bien de substances chimiques (alcool, acide chlorhydrique, sulfate de cuivre) que de formes symboliques (étoiles, javelots) et de points de lumière, de sorte qu'on ne sait pas trop quel statut accorder à ces étranges machines. Elles suggèrent un rituel profane où formes, lumière et substances se confondraient dans une même efficacité et une même énergie (Zorio insiste fréquemment sur l'idée que son œuvre est faite *d'énergie*). On connaît le paradoxe du langage : le mot chien ne mord pas. Tout se passe comme si Zorio s'attachait à imaginer un monde où mordrait le mot chien, où, par-delà les conventions qui le composent, le langage serait imbriqué à la réalité de ce qu'il désigne. La « purification des paroles » doit être comprise comme un projet d'ensemble de restituer aux mots leur énergie : un projet *poétique*. Il n'est pas indifférent de noter que Zorio retrouve là – mais comme Anselmo, Penone et beaucoup d'autres – le fameux *Ut Pictura Poesis*[3] d'Horace, qui assignait à la peinture la tâche de rejoindre la poésie : on a souvent défini la modernité comme l'abandon de ce principe, et voilà que des artistes, apparemment émancipés de tout, le reprennent à leur compte…

Trois œuvres, datées de 1969 et de 1971 et toutes trois portant le titre de « Haine » *(Odio)* manifestent distinctement ce projet : que le mot « haine » agresse. Il sera écrit à grandes volées de hache sur un mur, enfoncé en lettres de cordes dans un morceau de plomb, imprimé sur le front de l'artiste par une sorte d'instrument de torture en plastique. Dans tous les cas, l'œuvre participe du principe de la performance : ce qui est conservé du geste – le lingot de plomb ou l'inscription au mur – porte en lui la charge de la violence qui l'a conçu.

Gilberto Zorio
***Vulcano* [Volcan], 1983**

Cuir, caoutchouc, limaille de métaux, javelot, lampe à halogène, alcool, 300 × 750 cm
Centre Pompidou, Musée national d'art moderne
Achat, 1984
AM 1984-385

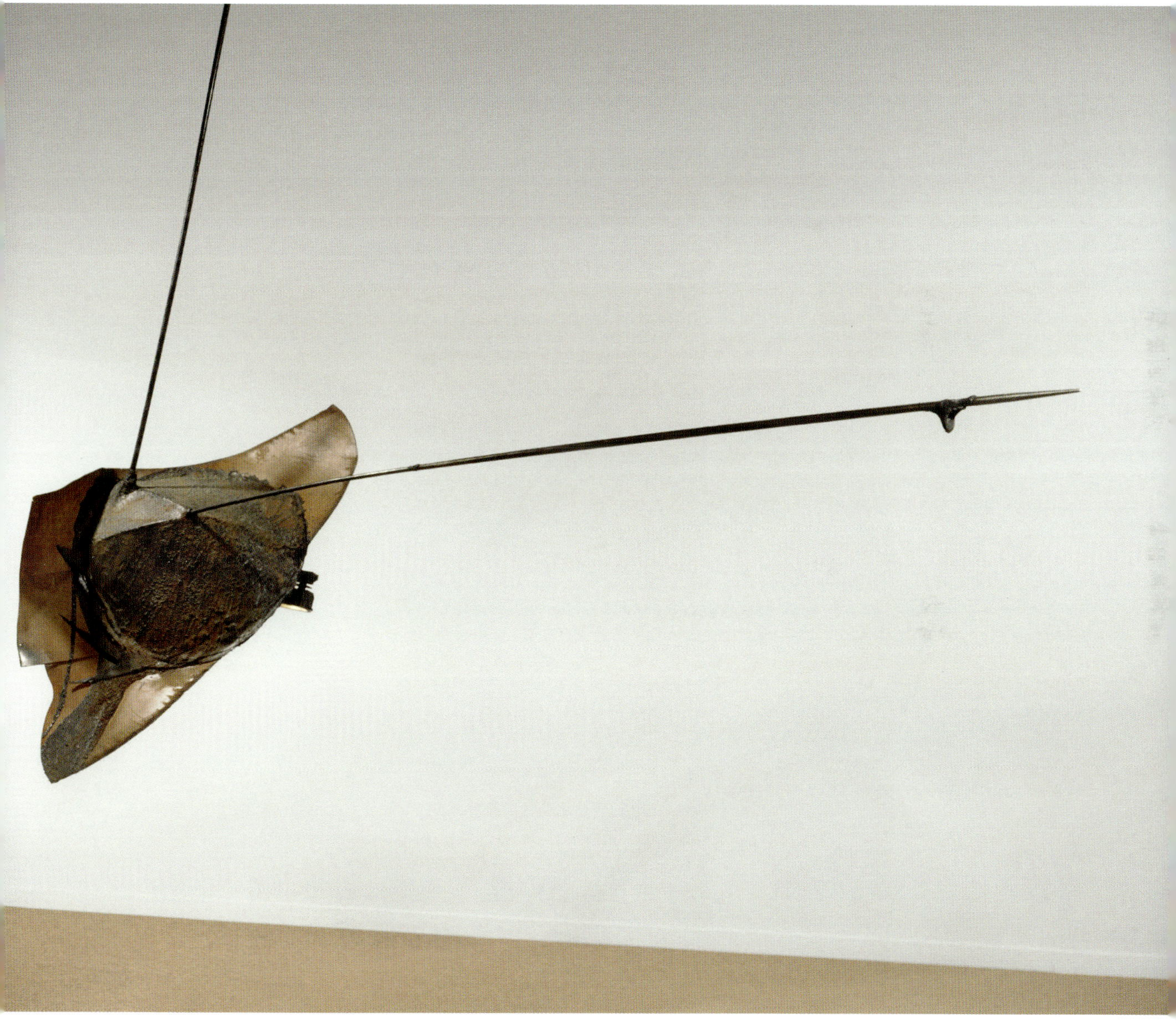

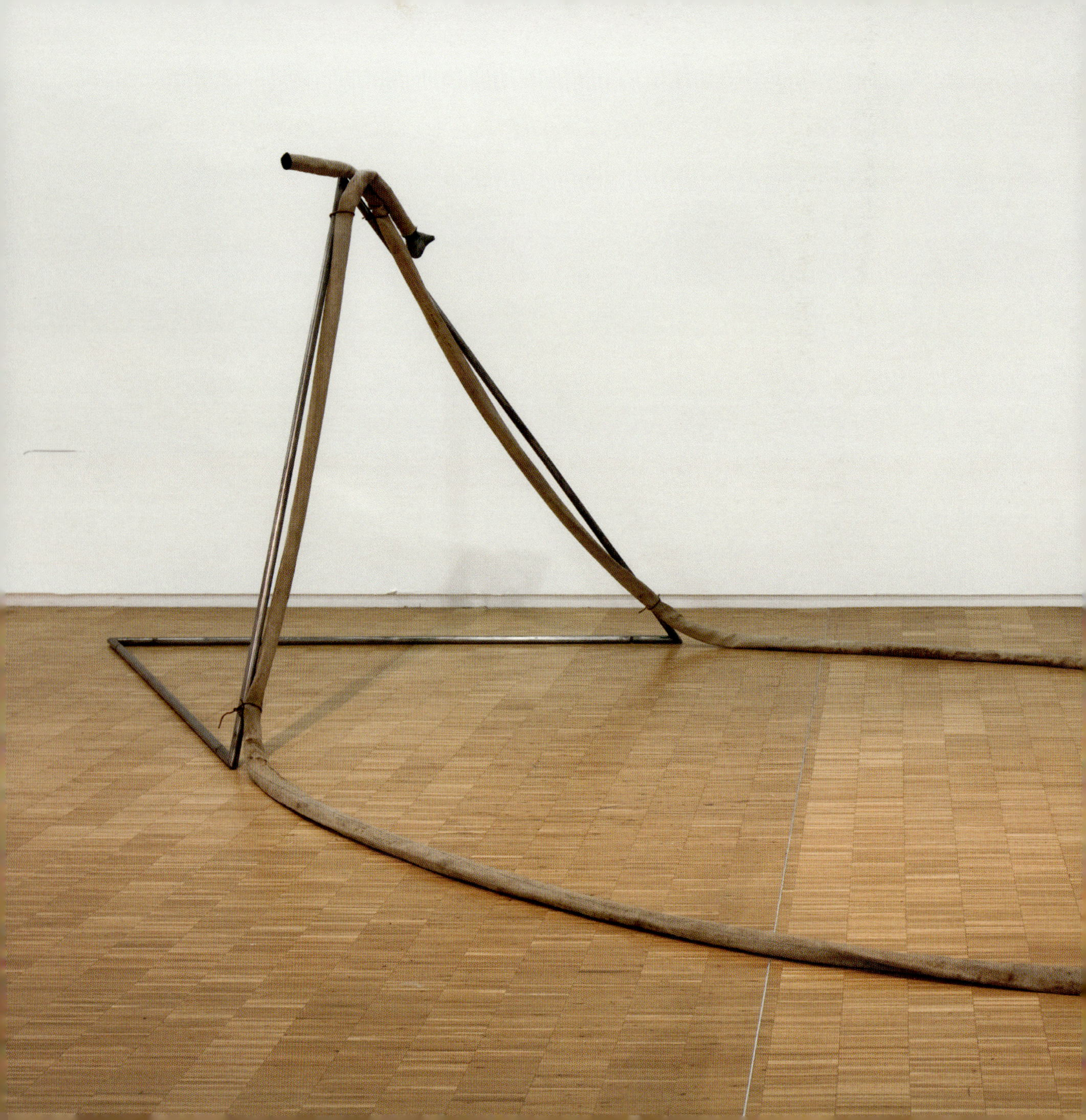

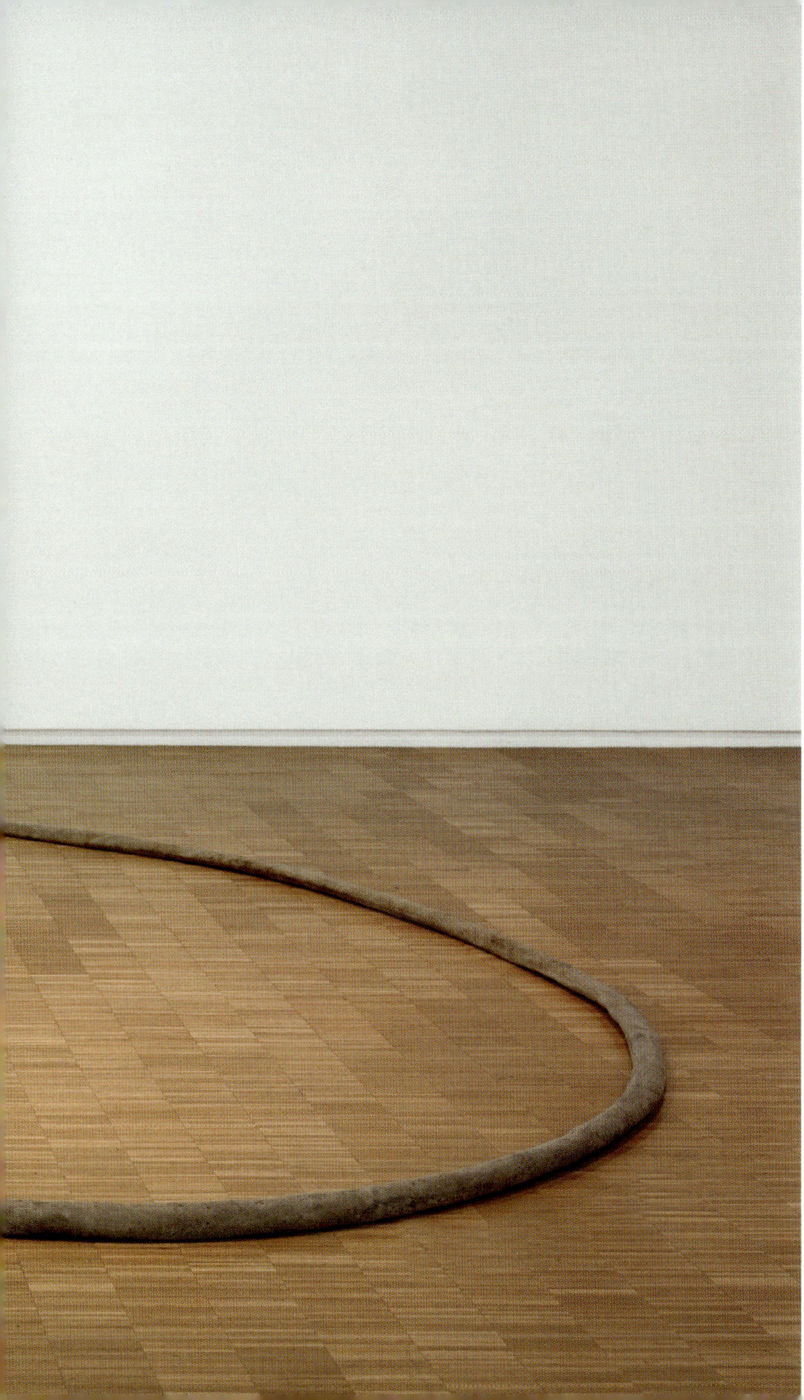

Gilberto Zorio
Per purificare le parole
[Pour purifier les paroles], 1969

Caoutchouc, tube en chanvre, toile, zinc, fer, cuir, alcool, H.: 170 cm; diam.: 300 cm
Centre Pompidou, Musée national d'art moderne
Achat, 1983
AM 1983-379

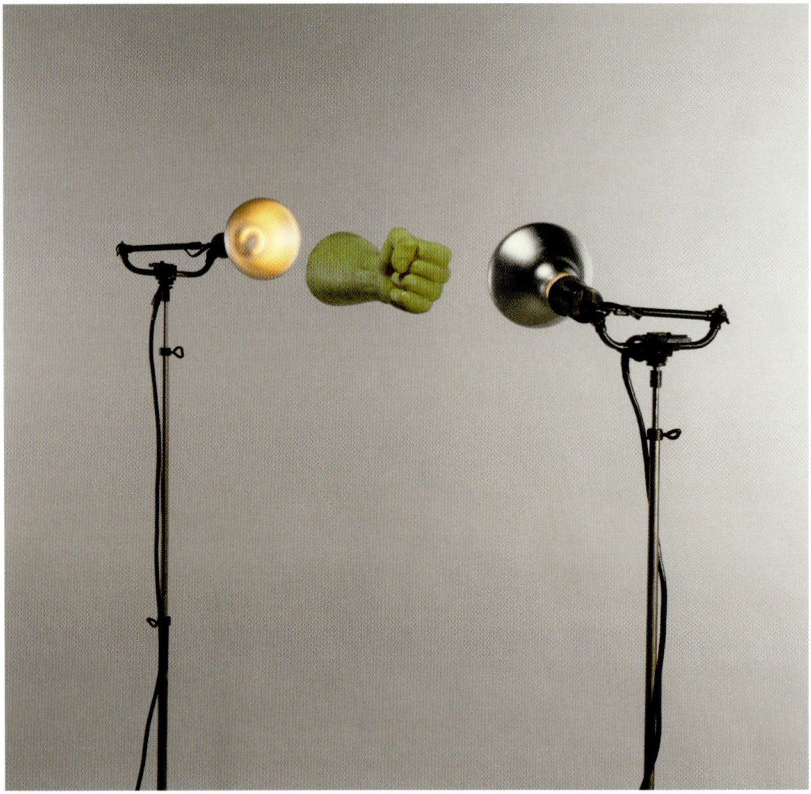

Zorio ne s'intéresse pas, si l'on ose dire, qu'aux mots en forme de mots ; une part importante de son activité touche aux symboles, images chargées par leur histoire de sens multiples : l'étoile et le javelot sont, comme on l'a dit, les plus fréquents, et d'ailleurs souvent mêlés. Le javelot est probablement le meilleur équivalent de cette notion d'*énergie* à laquelle l'artiste tient tant, tandis que l'étoile est presque un symbole de symbole : scientifique, magique, religieux, voire politique, il peut absorber toutes sortes de significations et les assumer avec une égale puissance – vingt ans de guerre froide entre un Est et un Ouest qui s'en disputaient l'exclusivité n'ont, par exemple, pas réussi à le figer dans un camp. Le « Poing phosphorescent » (*Pugno fosforescente*, 1971) du Musée national d'art moderne est par excellence une image convenue dont la mise en scène par

Gilberto Zorio
Pugno fosforescente
[Poing phosphorescent], 1971

Cire phosphorescente, 2 lampes sur pied, minuterie, 170 × 180 × 50 cm
Centre Pompidou, Musée national d'art moderne
Achat, 1984
AM 1984-386

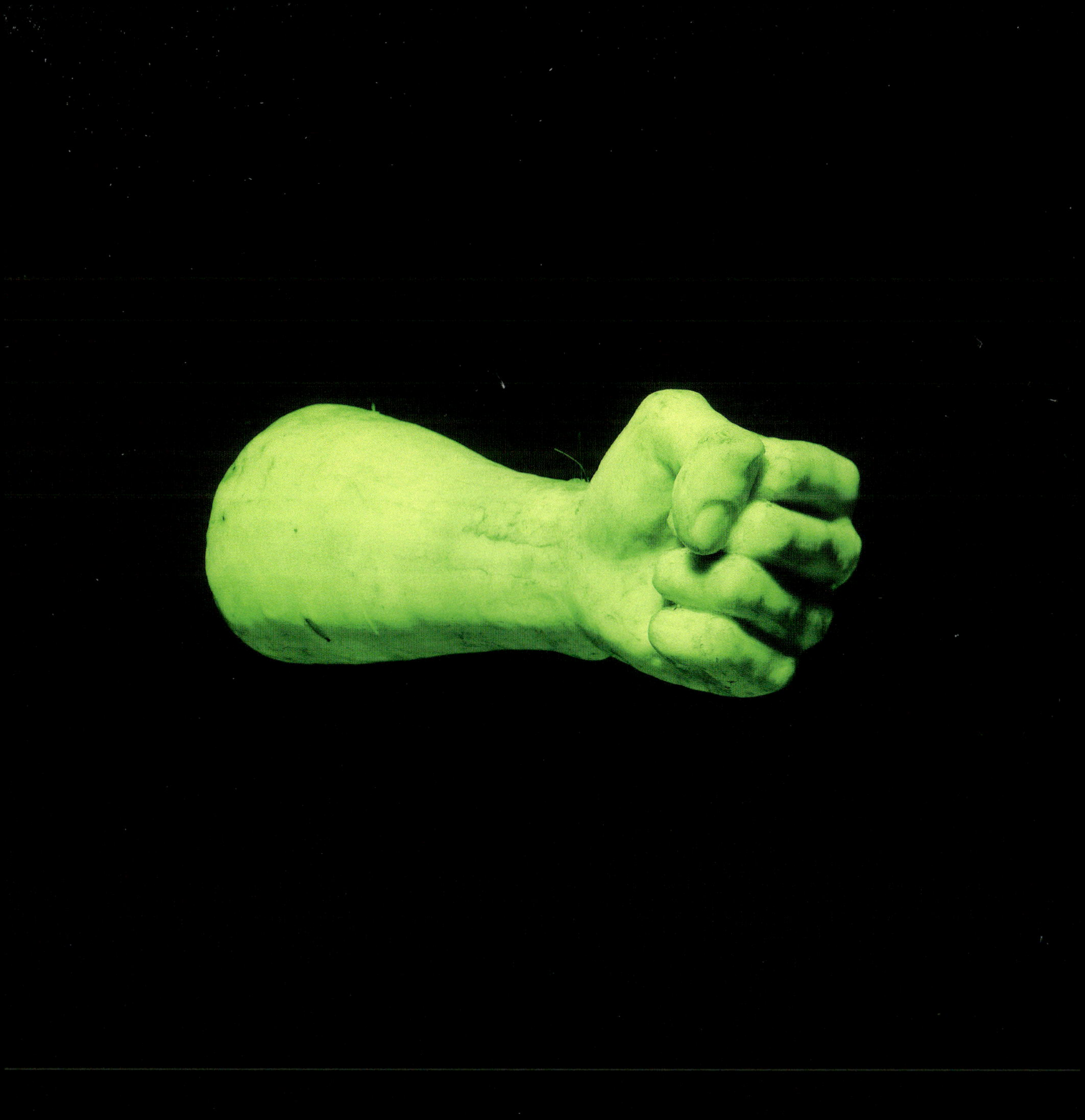

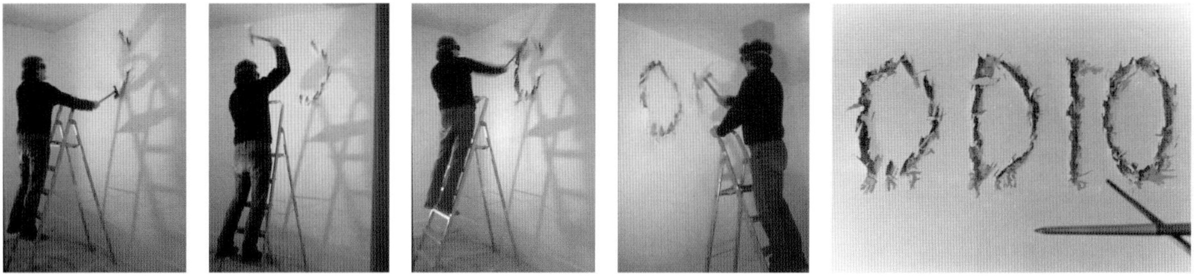

Gilberto Zorio réalisant *Odio* [Haine] sur un mur à la galerie Pietro Sparta, Chagny, 1984

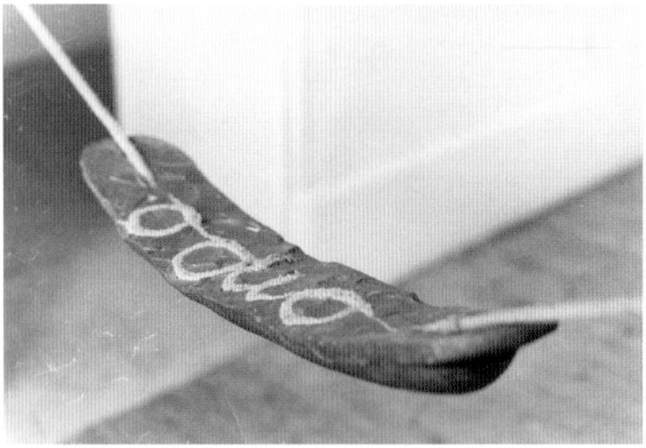

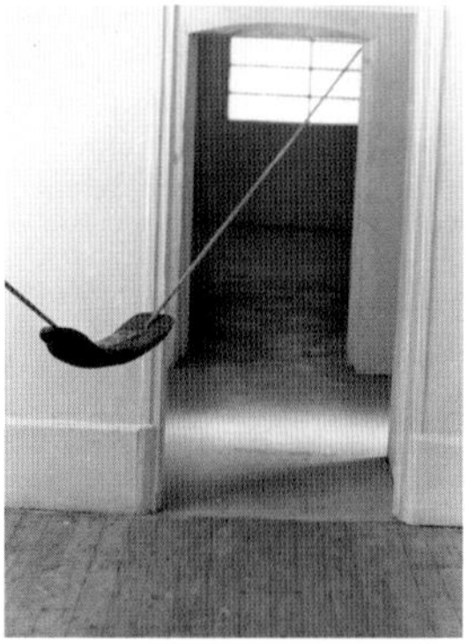

Zorio retrouve la puissance initiale : un poing de cire – semblable à ceux qui, si nombreux, figuraient au début des années 1970 les révoltes politiques – est enduit d'une matière phosphorescente. Une batterie de projecteurs l'éclaire et lorsqu'à intervalles réguliers ils s'éteignent, le poing luit brusquement dans l'obscurité de toute l'énergie dont il s'est chargé. Le choc physique de l'éblouissement se superpose à la violence contenue dans l'image même, comme pour la *catalyser*. Avec Anselmo, Zorio est probablement l'artiste qui se tient au plus près d'une tradition alchimique, dont il emprunte à la fois les registres et le goût pour la mobilité des idées : « J'aime, dit-il, entendre parler de choses fluides et élastiques, de choses mentales et vitales sans périmètres littéraires et formels[4]. » L'extrême mais nécessaire trahison d'une présentation lapidaire de son travail ne doit pas en faire oublier la subtile complexité.

Gilberto Zorio, *Odio* [Haine], 1969

Photo prise à la galerie Pietro Sparta, Chagny, 1984

Gilberto Zorio, *Odio* [Haine]

Photo prise dans le studio du photographe Paolo Mussat Sartor, 1971

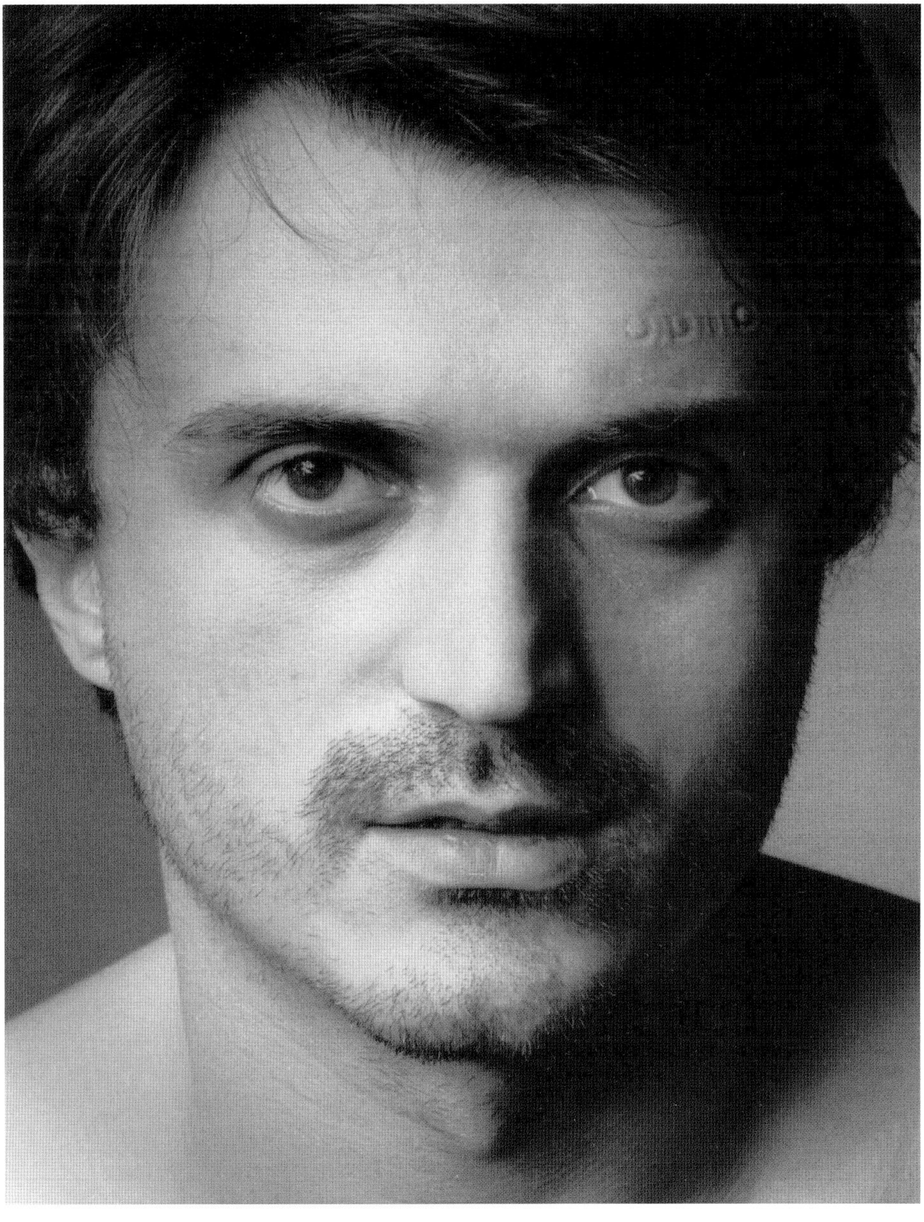

Notes

L'Arte Povera

1 Voir Jean-Claude Lebensztejn, « Sol », *Scolies*, n° 1 et n° 2, Paris, PUF, 1971.
2 « Arte Povera e im Spazio », galerie La Bertesca, Gênes, 27 sept.-20 oct. 1967.
3 Voir Daniel Soutif, « La famille pauvre », *Art Studio*, n° 13, 1989, p. 6.
4 Giovani Anselmo, Alighiero Boetti, Pier Paolo Calzolari, Luciano Fabro, Jannis Kounellis, Mario Merz, Marisa Merz, Giulio Paolini, Pino Pascali, Giuseppe Penone, Michelangelo Pistoletto, Gilberto Zorio.
5 Celle de l'exposition « The Knot, Arte Povera at P.S.1 », P.S.1, New York, oct. 1985. Commissaire Germano Celant.
6 « Collage 1 », université de Gênes, Institut d'histoire de l'art, déc. 1967.
7 Germano Celant, *Arte Povera*, Milan, Mazzotta, 1969.
8 « Processi di pensiero visualizzati », Kunstmuseum, Lucerne, mai 1970, commissaire Jean-Christophe Ammann.
9 G. Celant, entretien avec D. Soutif, dans *Turin, 1965-1987. De L'Arte Povera dans les collections publiques françaises*, cat. exp., Chambéry/Lille/ La Roche-sur-Yon, Musée savoisien/ FRAC Rhône-Alpes/Musée d'art, 1987, p. 9.
10 G. Celant, « Arte Povera, appunti per una guerriglia », *Flash Art* (Rome), n° 5, nov. 1967.
11 Id., « Arte Povera e im spazio », catalogue de l'exposition de Gênes en 1967.
12 G. Celant, entretien avec D. Soutif, entretien cité, p. 13.
13 Jean-Christophe Ammann, « Zur Austellung », dans *Processi di Pensiero Visualizzati*, cat. exp., Kunstmuseum, Lucerne, 1970.
14 Renato Barrilli, « Coincidenza di Opposti », dans *Germaio 70*, cat. exp., Museo Civico, Bologne, 1970.
15 Bernard Marcadé, « Notes sur l'Arte Povera et son occultation », dans *Turin, 1965-1987. De L'Arte Povera dans les collections publiques françaises, op. cit*, p. 53-55.

Giovanni Anselmo

1 Germano Celant, *Arte Povera*, Milan, Mazzotta, 1969 ; cité par B. Blistène, « L'Arte Povera dans les collections du Mnam », *Les Cahiers du Musée national d'art moderne*, n° 13, 1986, p. 76.
2 Giovanni Anselmo, 1973, cité dans G. Celant, *Arte Povera,* trad. de l'italien par A. Machet, Villeurbanne, Art Éditions, 1989, p. 242.
3 *Ibid.*, p. 242.
4 *Roger Caillois. Cahiers pour un temps*, Paris, Éditions du Centre Pompidou/ Pandora Éditions, 1981, p. 22.
5 G. Anselmo, 1973, art. cité, p. 241.

Alighiero Boetti (dit Alighiero e Boetti)

1 Tomaso Trini, « Abeeghiiiloortt », *Data* (Milan), n° 4, mai 1972.

Pier Paolo Calzolari

1 Denys Zacharopoulos, « P. P. Calzolari », *Artistes*, n° 6, oct.-nov. 1980, p. 43-47.
2 Pier Paolo Calzolari, 1984, cité dans Germano Celant, *Arte Povera*, trad. de l'italien par A. Machet, Villeurbanne, Art Éditions, 1989, p. 92.
3 D. Zacharopoulos, « P. P. Calzolari », art. cité, p. 47.

Luciano Fabro

1 Luciano Fabro, entretien avec Carla Lonzi, dans *Identité italienne*, cat. exp., Paris/Milan, Éditions du Centre Pompidou/Centro Di, 1981, p. 141.
2 Margit Rowell (dir.), *Luciano Fabro*, cat. exp., Barcelone, Fundació Joan Miró, 1990, p. 76.
3 *Ibid.*, p. 77.

Jannis Kounellis

1 L'habitude de Kounellis de ne jamais désigner ses œuvres par un titre rend parfois les références difficiles. L'installation même des pièces est contingente et sujette à variations, comme l'interprétation d'un morceau de musique ou la mise en scène d'une pièce.
2 Jannis Kounellis, *Vardar* (Madrid), n° 2, février 1982, repris dans Gloria Moure, *Kounellis*, Paris, Éditions Cercle d'Art, 1991, p. 223.
3 Luc Lang, « Et ils connurent qu'ils étaient nus », *Artstudio*, n° *13, été 1989,* p. 36.
4 Marcel Duchamp définit ainsi l'idée des *Stoppages étalon* réalisés en 1913 : « Si un fil horizontal d'un mètre de longueur tombe d'un mètre de hauteur sur un plan horizontal en se déformant *à son gré* et donne *une figure nouvelle de l'unité de longueur...* »
5 J. Kounellis, *Odyssée lagunaire. Écrits et entretiens, 1966-1969*, Paris, Daniel Lelong, 1990.

Mario Merz

1 Marlis Grüterich, « Mario Merz », *Data* (Milan), n° 21, juin 1976.
2 Mario Merz, Milan, octobre 1979, cité dans Germano Celant, *Arte Povera,* trad. de l'italien par A. Machet, Villeurbanne, Art Éditions, 1989, p. 243.
3 M. Merz, « La serie di Fibonacci », interview, *Data* (Milan), n° 1, sept. 1971.
4 Au moins dans sa forme actuelle ; les documents attestent que l'*Igloo di Giap* a connu plusieurs métamorphoses.
5 M. Grüterich, « La Planète Merz » numéro hors-série de *Libération*, 1987.

Marisa Merz

1 *Domus* (Milan), n° 579, 1978.
2 Traduction de l'auteur.

Giulio Paolini

1 Tomaso Trini, *artpress*, mai 1980, n° 37.

Pino Pascali

1 Cette citation, comme toutes celles de Pascali qui suivront, est extraite de l'entretien de Pino Pascali avec Carla Lonzi-Discorsi, publié en 1967 dans la revue *Marcatré* et traduit dans le catalogue de l'exposition « Pino Pascali » au Musée d'art moderne de la Ville de Paris, mars-mai 1991, p. 79-88 (ici p. 88).
2 Cette petite scène de théâtre de marionnettes – aujourd'hui dans la collection Durand-Dessert – était destinée à mimer la transformation en œuvre d'art des objets les plus divers : bouteilles, casseroles, etc. Pascali accompagnait souvent ses œuvres de performances.
3 *Pino Pascali*, cat. exp., Paris, Paris-Musées, 1991, p. 87.
4 Claude Lévi-Strauss, *La Pensée sauvage*, Paris, Plon, 1962, p. 33.
5 *Ibid.*, p. 35.
6 *Pino Pascali*, *op. cit.*, p. 88.
7 *Ibid.* p. 82. Pascali était fils d'un fonctionnaire de police…
8 *Bachi da setola*, « un jeu sur l'assonance *seta* (soie) et *setola* (la setola est ce poil raide des brosses d'usage domestique ou industriel) ». Voir Maurizio Calvesi, « L'éros de Pascali, le héros aventureux », dans *Pino Pascali, op. cit.*, p. 8.

Giuseppe Penone

1 Giuseppe Penone, entretien avec Mirella Bandini, *Data* (Milan), vol. III, n° 7-8, été 1973.
2 Daniel Soutif, « L'identité retrouvée », dans *Giuseppe Penone*, cat. exp., Nantes, Musée des beaux-arts, 1986, p. 17-23.
3 G. Penone, cité dans *Guiseppe Penone*, cat. exp., Paris, Musée d'art moderne de la Ville de Paris, 1984, p. 26.
4 Georges Didi-Hubermann, *Régions de dissemblance*, cat. exp., Rochechouart, Musée départemental de Rochechouart, 1990, p. 70.
5 G. Penone, cité dans Germano Celant, *Arte Povera, Storie e protagonisti/ Art Povera, Histories and Protagonists*, Milan, Electa, 1985, p. 127.
6 Bernard Blistène, « Giuseppe Penone », *Artistes*, n° 5, 1980.
7 D. Soutif, « L'identité retrouvée », art. cité, p. 23. La citation de Kant est extraite de la *Critique de la faculté de juger*, § 45.

Michelangelo Pistoletto

1 Michelangelo Pistoletto, *Le ultime parole famose*, Turin, 1967 ; éd. française dans Germano Celant, *Arte Povera*, trad. de l'italien par A. Machet, Villeurbanne, Art Éditions, 1989, p. 234.
2 *Ibid.*, p. 234.
3 Franz Kaiser, dans *Pistoletto,* cat. exp., Grenoble, Centre national d'art contemporain, 1986.
4 Bruno Corà, « Michelangelo Pistoletto : réflexion et élaboration du problème de l'Être », *Artstudio*, n° 13, été 1989 ; et Ulrich Loock, *Michelangelo Pistoletto. Oggetti in meno, 1961-1966*, cat. exp., Berne, Kunsthalle, 1989.
5 Augusta Monferini, « Percorso di Pistoletto », dans *Pistoletto*, cat. exp., Milan, Electa, 1990. À la galerie L'Attico en 1968, Pistoletto distribuait aux visiteurs des déguisements loués à Cinecitta. Des films du spectacle ainsi constitué furent tournés, destinés à être projetés le dernier soir.

Gilberto Zorio

1 *Gilberto Zorio,* cat. exp., Paris, Éditions du Centre Pompidou, 1986, p. 19.
2 Cette première version de *Per purificare le parole* fut présentée à l'exposition « When Attitudes Become Form » à Berne en 1969.
3 Littéralement « La poésie est comme la peinture ». De simple comparaison à l'origine, le *Ut Pictura Poesis* est devenu une doctrine esthétique, critiquée magistralement au XVIIIe siècle par le fameux *Laocoon* de Lessing.
4 Gilberto Zorio, 1969, cité dans le catalogue de l'exposition « Gilberto Zorio » chez Pietro Sparta, Chagny, 1984.

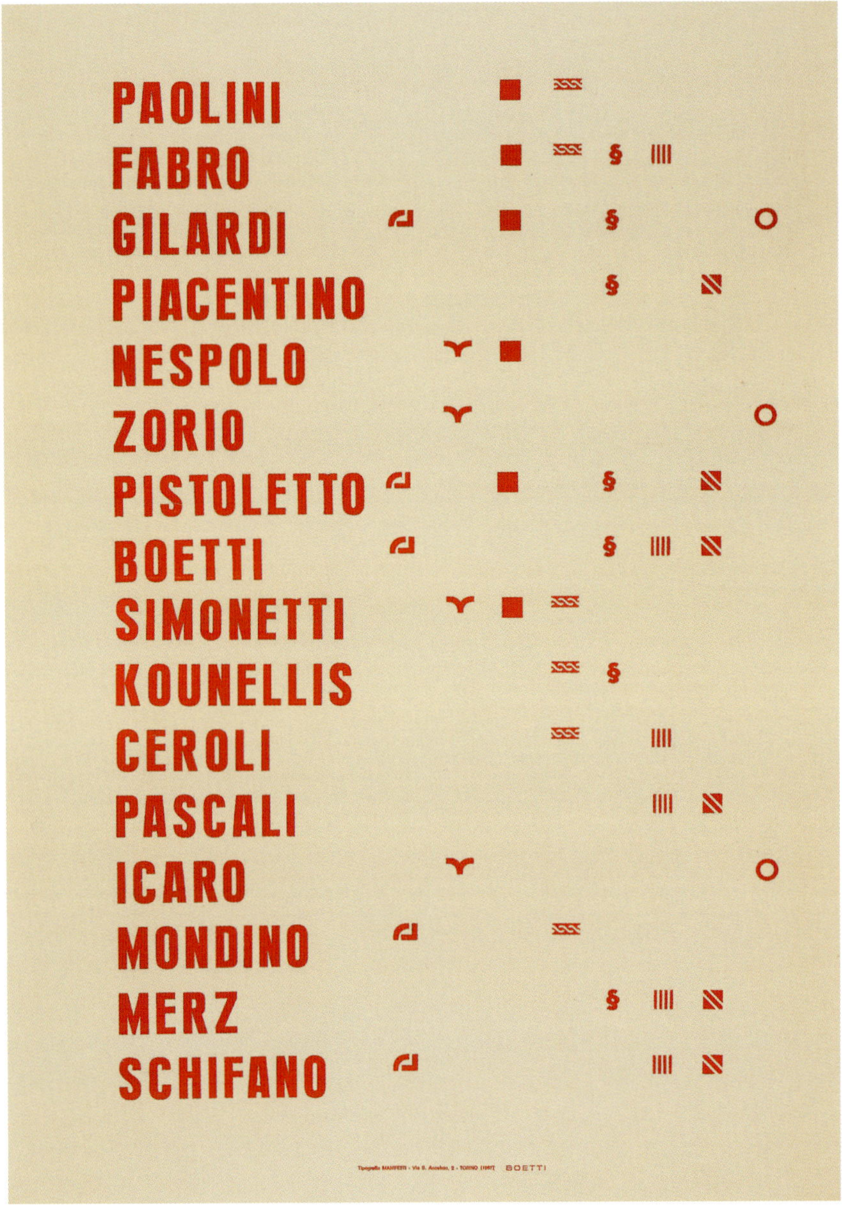

Alighiero Boetti
***Manifesto*, 1967**

Centre Pompidou, Mnam-CCI,
Bibliothèque Kandinsky, Paris

Bibliographie

La bibliographie spécialisée sur l'Arte Povera, même dans l'acception restreinte retenue pour *Jalons*, est extraordinairement abondante. La liste qui suit, privilégiant les textes en langue française, ne saurait donc être qu'une brève indication – les ouvrages mentionnés comportant tous, ou presque, des bibliographies très complètes, il a paru inutile de les redoubler.

Ouvrages généraux et catalogues d'exposition

Paolo Mussat Sartor, *Fotografo, 1968-1978. Arte e Artisti in Italia*, Turin, Stampatori, 1979.

Germano Celant (dir.), *Identité italienne. L'art en Italie depuis 1959*, cat. exp., Paris/Florence, Éditions du Centre Pompidou/Centro Di, 1981.

Arte Povera – Antiform. Sculptures, 1966-1969, cat. exp., Bordeaux, Capc Musée d'art contemporain, 1982.

Del Arte Povera A 1985. Giovanni Anselmo, Alghiero Boetti, Pier Paolo Calzolari, Luciano Fabro, Jannis Kounellis, Mario Merz, Marisa Merz, Giulio Paolini, Pino Pascali, Giuseppe Penone, Michelangelo Pistoletto, Gilberto Zorio, cat. exp. [Palacio de Velasquez, Madrid], Madrid, Ministerio de Cultura/Edicion El Viso, 1985.

Germano Celant, *Arte Povera, storie e protagonista/Art Povera, Histories and Protagonists*, Milan, Electa, 1985.

Turin, 1965-1987. De l'Arte Povera dans les collections publiques françaises, cat. exp., Chambéry/Lille/La Roche-sur-Yon, Musée savoisien/FRAC Rhône-Alpes/Musée d'art, 1987.

Verso l'Arte Povera, cat. exp. [Pavillon d'Art contemporain, Milan, ELAC, Lyon], Milan, Electa, 1989. Bilingue italien/français.

Germano Celant, *Arte Povera*, Villeurbanne, Art Édition, 1989.

Arte Povera 1971 und 20 Jahre danach. Anselmo, Boetti, Fabro, Kounellis, Merz, Paolini, Penone, Pistoletto, Prini, SALVO, Zorio, cat. exp. [Kunstverein München, Munich], Cologne, DuMont, 1991. Textes de Zdenek Felix, Hannes Böhringer, Bazon Brock, Germano Celant.

Maïten Bouisset, *Arte Povera*, Paris, Éditions du Regard, 1994.

Giovanni Joppolo, *L'Arte Povera. Les années fondatrices*, Paris, Fall Éditions, 1996.

Carolyn Christov-Barkagiev, *Arte Povera*, Londres, Phaidon, 1999.

Arte povera in collezione/Arte povera in Collection, cat. exp. [Castello di Rivoli Museo d'Arte Contemporanea, Rivoli-Turin], Milan, Charta, 2000. Textes de Jean-Christophe Ammann, Germano Celant, Harald Szeemann, Tommaso Trini.

Zero to Infinity. Arte Povera, 1962-1972, cat. exp. [Tate Modern, Londres ; Walker Art Center, Minneapolis ; The Museum of Contemporary Art, Los Angeles ; Hirshhorn Museum and Sculpture Garden, Washington, D.C.], Minneapolis, Walker Art Center, 2002.

La poetica dell'Arte povera, cat. exp. [Kunstmuseum Kloster Unser Lieben Frauen, Magdebourg], Ostfildern-Ruit, Hatje Cantz, 2003. Textes de Uwe Förster, Andreas Hornemann, Annegret Laabs.

Robert Lumley, *Arte Povera*, Londres, Tate Publishing, 2004.

Giovanni Lista, *Arte Povera*, Milan, Cinq Continents Éditions, 2006.

Écrits d'artistes

Jannis Kounellis, *Odyssée lagunaire. Écrits et entretiens, 1966-1989*, Paris, D. Lelong, 1990.

Mario Merz, *Je veux faire un livre tout de suite*, trad. de l'italien par A. Cueff ; textes réunis par Béatrice Merz, Villeurbanne, Art Éditions, 1989.

Guiseppe Penone, *Respirer l'ombre* (2000), trad. de l'italien par M. Coste et C. Gendrault, Paris, Beaux-arts de Paris éditions, 2008. Préface de Didier Semin.

Michelangelo Pistoletto, *L'Homme noir, le côté insupportable* (1998), trad. de l'italien par M.-A. Sichère, Paris, Beaux-arts de Paris éditions, 2014.

Note de l'auteur

À l'occasion de l'exposition « Art pauvre » prévue au Centre Pompidou en juin 2016, il m'a été très aimablement proposé de rééditer le *Jalons* que j'avais consacré à l'Arte Povera en 1992.

Si flatteuse qu'elle fût, l'offre n'allait cependant pas pour moi sans écueils. J'avais tout d'abord dans l'idée d'apporter, en notes, dans la réédition, les informations ou les rectifications qui me paraîtraient nécessaires. Mais si, littérairement, l'idée de la machine à corriger dans le temps n'est pas sans charme, elle s'avère impossible à mettre en pratique de façon raisonnable. L'« édition augmentée » à laquelle j'avais d'abord songé était tout simplement *un autre livre*. Nous convînmes de republier le texte à l'identique. Il y a certes des paragraphes dont je regrette le caractère elliptique (celui notamment qui touche à l'usage paradoxal par Mario Merz de la suite de Fibonacci ; il eût fallu développer l'idée que Merz utilisait le canon très ancien de la *section d'or*, mais qu'il le liait à l'idée de catastrophe plus qu'à celle de proportion idéale). Je n'avais aucune raison de renier ce *Jalons*, évidemment daté mais dont je peux encore revendiquer les conclusions : l'idée que je me fais aujourd'hui de la mouvance nommée Arte Povera n'est pas radicalement différente de celle qui m'y attachait déjà si fortement il y a vingt-quatre ans. Elle représente pour moi l'un des courants les plus importants du dernier quart du xxe siècle, et ce que j'ai appris depuis 1992 n'a jamais fait, à chaque fois, que renforcer cette conviction.

S'il était donc infiniment plus rationnel de republier le texte d'*Arte Povera* sans corrections, il eût été dommage, en revanche, de renoncer au principe directeur des origines, celui d'une illustration majoritairement adossée aux collections du Mnam. Elles étaient déjà riches quand je suis arrivé au Centre Pompidou, grâce notamment à l'action de Bernard Blistène dans les années 1980. L'équipe de conservateurs dont j'ai fait partie jusqu'en 1998, et celles qui ont suivi ont considérablement enrichi le fonds – pour tout dire, le projet de *Jalons* était aussi un peu celui-là : dessiner de grands axes pour le développement de la collection, et cet objectif a, lui aussi, finalement été atteint. De sorte que la réimpression du *Jalons* consacré à l'Arte Povera, ni tout à fait le même ni tout à fait un autre que son aîné de vingt-quatre ans, est aussi une manière de saluer le travail accompli dans la continuité d'un projet.

Didier Semin

Mario Merz assis dans une installation de la série des *Igloos* dans l'exposition « Prospect 68 », Städtische Kunsthalle, Düsseldorf, 20-29 septembre 1968. Photo : Angelika Platen

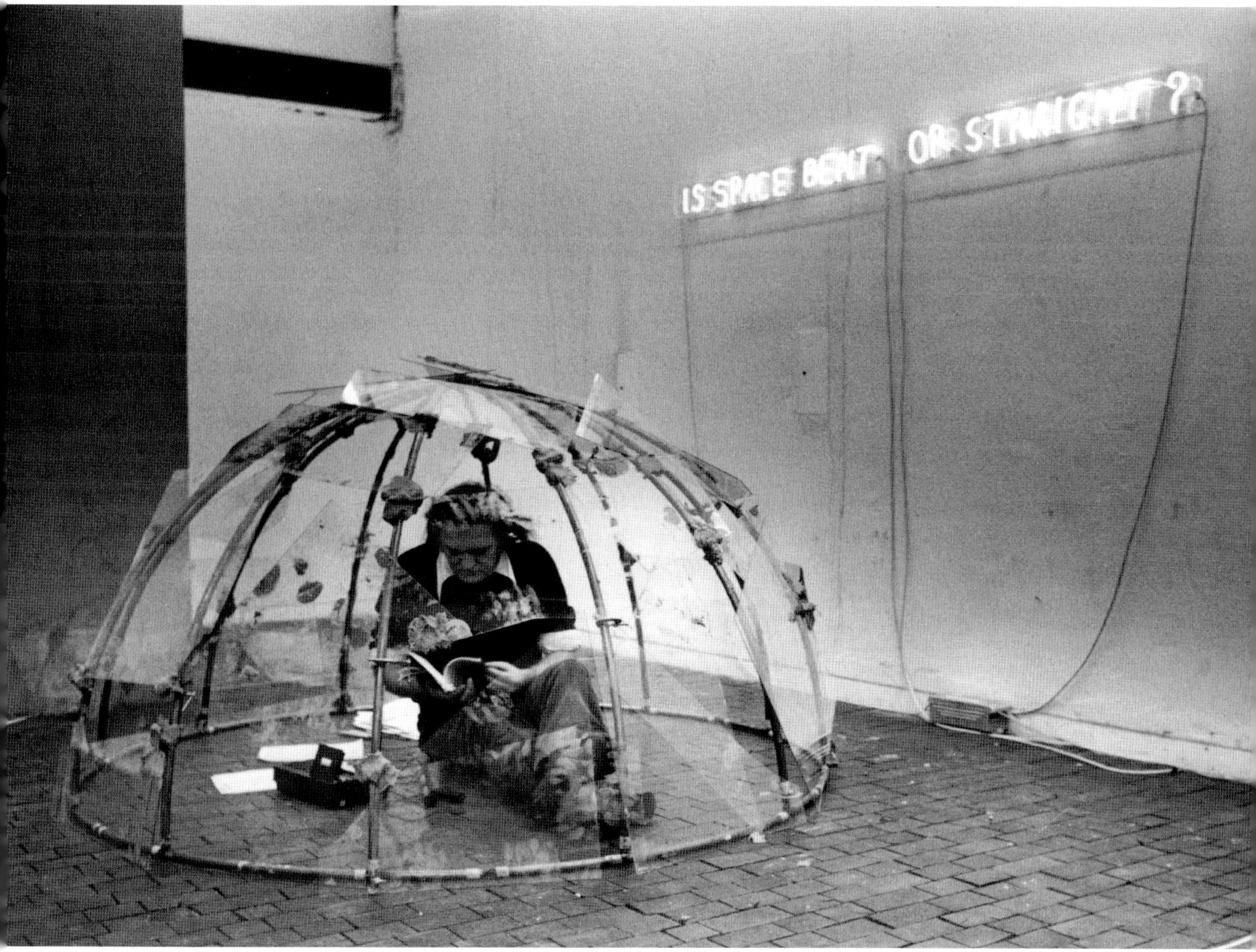
IS SPACE BENT OR STRAIGHT ?

Je tiens à remercier ici très chaleureusement pour leur aide Elisabeth Guelton, Martine Reyss, Antoinette Rézé et Mireille Salen au Mnam, ainsi que tous ceux qui, autrefois, par leurs conseils, ont permis la première parution de cet ouvrage, notamment Liliane et Michel Durand-Dessert, Pietro Sparta, Myriam Salomon et Catherine Millet. Et Bernard Blistène, Frédéric Paul, Claire de Cointet, Clarisse Deubel et Amarante Szidon, à qui je dois sa réédition mise à jour.
Didier Semin

Titres de la collection déjà parus

Brancusi par Doïna Lemny
Braque par Brigitte Leal
Dalí par Jean-Michel Bouhours
Duchamp par Caroline Cros
Kandinsky par Angela Lampe
Matisse par Cécile Debray
Miró par Agnès de la Beaumelle
Picasso par Brigitte Leal
Marc Riboud par Quentin Bajac
Soulages par Camille Morando

Art conceptuel par Michel Gauthier
Cubisme par Brigitte Leal
Fauvisme par Cécile Debray
Surréalisme par Didier Ottinger

Crédits photographiques
Centre Pompidou, Mnam-CCI, Bibliothèque Kandinsky / Béatrice Hatala : p. 52-53 ; Anne Paounov : p. 92
© Christie's Images, Ltd : p. 7
Collection Stedelijk Museum Amsterdam : p. 28
Courtesy Galerie Pietro Sparta : p. 88
Musée départemental d'art contemporain de Rochechouart : p. 66
Photo Archivio Giulio Paolini : p. 54
Photo © BPK, Berlin, Dist. RMN-Grand Palais / Angelika Platen : p. 2, 79, 95
Photo © Centre Pompidou, Mnam-CCI-Dist. RMN-GP / Christian Bahier et Philippe Migeat : p. 45 ; Jacqueline Hyde : p. 78 ; Georges Meguerditchian : p. 13, 21, 48-49, 84-85 ; Philippe Migeat : p. 15, 22-23, 24, 26-27, 29, 30-31, 36-37, 38, 39, 41, 42-43, 59, 67, 69, 72-73, 74, 77, 81 ; André Morin : p. 68 ; Jean-Claude Planchet : p. 55 ; Bertrand Prévost : p. 71 ; Adam Rzepka : p. 33, 75 ; Service de la documentation photographique du Mnam : couverture, p. 16-17, 47, 65, 83, 86, 87
Photo André Morin, courtesy Le Consortium : p. 60, 61
Photo Musées de Strasbourg, N. Fussler : p. 63
Photo © Paolo Mussat Sartor : p. 4, 11, 12, 19, 20, 57, 89, 4e de couverture
Photo Paolo Pellion, courtesy Fondazione Merz, Torino : p. 51
Photo Oscar Savio, Courtesy L'Attico Archive : p. 34
Photo © Tate, Londres, Dist. RMN-Grand Palais / Tate Photography : p. 35
Photo Andrea Taverna, Courtesy L'Attico Archive : p. 8

ISSN : 2258-9236
ISBN : 978-2-84426-743-6
N° d'éditeur : 1612
Dépôt légal : mai 2016

Chargée d'édition : Amarante Szidon
Iconographe : Clarisse Deubel
Conception graphique : Ursula Held
Fabrication : Stéphanie Reis-Pilar

Photograveur : Arciel Graphic
Cet ouvrage a été achevé d'imprimer en mai 2016 sur les presses de l'imprimerie Ingoprint à Barcelone.
Imprimé en Espagne.